感覚統合×モンテッソーリの視点で伸びる！

発達が気になる小学生の学校生活&おうち学習ガイド

はじめに

こんにちは。モンテッソーリ教師&保育士で、**自閉スペクトラム症とADHDの診断のある知的境界域の小6の長男と、小2の次男の子育て中のりっきー**と申します。まずは、この本を手に取ってくださって本当にありがとうございます!

皆さんはお子さんの発達や子育てに関してどんなお悩みをお持ちでしょうか?

私は長男が赤ちゃんの頃から、全く育児書通りにいかない子育てに悩み、でもなかなか支援にたどりつかず、どん底を経験した中で、周りにも助けられながらここまでやってきました。発達が気になる子を育てていると、親子ともに多くの困りごとに直面し、時には苦しい気持ちになることもあります。それはまだ未診断の頃から始まり、やっと支援につながり療育に通い始めても続きました。私自身は大学を出てから長らく事務系の会社員でしたが、長男のことで悩み、支援を待ちきれず、**自ら学び、幼児教育と発達支援の世界に足を踏み入れることになります。**

きっかけは、療育を待機していた時期に、さまざまなアプローチで試行錯誤する中で、「モンテッソーリ教育」と「感覚統合」に出会ったことでした。調べてみると、「モンテッソーリ教育」が元々医師であるマリア・モンテッソーリが始めた障害児療育がスタートであることを知りました。そして、長男が４歳の頃からおうちモンテ（手作りの教材などを使って、家庭でモンテッソーリ教育のエッセンスを取り入れること）を始めたのです。しかし、そのうち「足りないピース」があることに気づきます。やり方は間違ってはいないけど、これだけではうまくいかない……と。長男は当時、じっと座っていることが難しく、力加減も話を聞くのも苦手でした。本人はやりたいのにできない、その原因はなんだろう？　と模索し出会ったのが、足りないピース＝「感覚統合」の考え方でした。その後、この二つを独自に掛け合わせて家で取り組みを続け、長男と私の人生は大きく変わりました。長男が未就学児だった頃の家での取り組みは、２０２２年３月に発売した書籍『感覚統合の視点で「できた！」が増える！　発達が気になる子のためのおうちモンテッソーリ』（日本能率協会マネジメントセンター）にまとめています。

この10年で、未就学児に対する支援は徐々に充実してきました。一方で、**就学してからは一気にサポートが減る**のが現実です。あくまで我が家の体感ですが、長男が小6になった今、障害者手帳や手当以外のことで役所の担当者から連絡はなく、進学に関する情報は保護者自ら一つひとつ調べて確認していく必要があります。ただでさえ大変なことが多い子育てで、次々と問題が出てきて途方に暮れてしまう方もいるでしょう。私も間近に迫った中学入学や将来のことに不安を抱きつつ、長男と一緒に奮闘している保護者の一人です。

そこで今回、発達が気になる子の**「就学前から小学校6年間」に直面する悩みや困りごとについて、実際の経験から学んだ対応方法やサポートグッズ**を一冊の本にまとめたいと考えました。本書は、**モンテッソーリ教育の環境設定**（物の配置、道具の選び方などの「物的環境」や大人の関わり方などの「人的環境」）や、**発達支援の環境調整**（特性を踏まえ、可視化や仕組み化をすること）の考え方をベースに、**発達の土台となる感覚統合の視点を取り入れて困りごとに寄り添う一冊**です。家庭支援を始めてからこの7年間で学び、実践してきたことを余すところなく詰め込みました。この本が皆さんの子育ての手助けになれば、こんなに嬉しいことはありません。書籍内で紹介している実践の詳細を解説したインスタグラムの投稿やコラム記事がある場合は、QRコードをあわせて掲載しています。是非ご活用ください。

りっきー

※発達障害の呼称について、アメリカ精神医学会が定める診断基準「DSM-5」の日本語訳では「神経発達症」が正式な呼称となりましたが、一般にはまだ馴染みがないため、この書籍内では従来の「発達障害」という言葉を使わせていただきます。

ことはありませんか？

授業中に
ソワソワして
離席してしまう

気が散り
やすくて
忘れ物が多い

急な予定変更や
行事でパニックに

お子さんにこんな困

文章問題が
理解できない

ゲームや動画が
やめられない

高学年らしい
適切な距離感
がわからない

ASD・ADHD・LD……特性について知ろう！

発達障害って何？

発達障害者支援法において、「発達障害」は「自閉症、アスペルガー症候群その他の広汎性発達障害、学習障害、注意欠陥多動性障害、その他これに類する脳機能の障害であってその症状が通常低年齢において発現するもの」と定義されています。言葉の認知度も上がってきた昨今ですが、その中にはさまざまな特性があり、同じ障害名であっても、100人いれば100通り。**一人ひとり困りごとや特性は異なります。また、複数の障害に当てはまる人もいます**。左ページではそれぞれの障害の特徴と学校で起きやすい困りごとをまとめました。これらは一般的に言われているもので、障害があるからといって全て当てはまるわけではなく、反対に、特徴に当てはまるから診断がつくわけでもありません。発達障害の特性が見られるものの、診断基準を満たしていないため診断がつかない、あるいは未受診の状態を指す、いわゆるグレーゾーンの子もいます。発達障害の研究は今現在も進められていて、診断の指標になる基準や呼称についても定期的に見直しが行われています。たとえば、**「発達障害」という呼び方は、世界共通の診断基準として用いられる精神疾患の診断・統計マニュアルであるDSM－5では「神経発達症」に変更されました**が、一般的にはまだ馴染みがないため、本書内では従来の「発達障害」という表現を使用しています。

ASD
Autism Spectrum Disorder
（自閉スペクトラム症）

※自閉症・高機能自閉症・アスペルガー症候群
などと呼ばれていたものの総称

社会的コミュニケーションや
対人関係における困難さを抱える。

- 物事や時間に強くこだわる
- 感覚の過敏・鈍麻がある
- 変化に対応できない
- 曖昧な物事が理解できない

知的発達症（知的障害）など

概ね18歳までにあらわれ、日常生活に関わる能力の発達に支障が出ていて、特別の援助が必要な状態。ASDやADHDと重複することも。

SLD/LD
Specific Learning Disorder/Learning Disabilities
（限局性学習症/学習障害）

※読字不全（ディスレクシア）・書字表出不全（ディスグラフィア）
・算数不全（ディスカルキュリア）などの呼称もある

知的には問題がないにもかかわらず、
聞く、話す、文字を読む・書く、
計算をするなどの特定の能力を必要とする
学習で極端に困難さを抱える。

- 教科書をスムーズに読めない
- 板書ができない
- 計算問題で大きくつまずく

ADHD
Attention−Deficit／Hyperactivity Disorder
（注意欠如・多動症）

年齢や発達に比べて多動・
衝動性が強く出ている、
注意散漫で日常生活に支障をきたす、
などの様子が見られる。

多動・衝動性が強い場合
- 突発的に行動してしまう
- 順番を待つことが苦手
- 授業中の立ち歩き

不注意が強い場合
- 指示を忘れる
- 忘れ物が多い
- 周りからの刺激に影響されやすい

本書の使い方

学校生活や家庭で
起こりがちな困りごとを
子どもの視点で解説！

就学準備中や小学校に入って
から直面しやすい困りごとに
ついて実体験も交えて事例紹介

日常生活の お悩み 04

一度始めると際限なく続けてしまう

ゲームや動画をやめられない

小学生になると、交友関係も広がり、ゲームや動画との距離感についての悩みも多くなります。大前提として、大人ですらなかなかゲームや動画を途中でやめることができないので、小学生が自分でコントロールするのはもっと難しいと知っておきましょう。

▼制限するのは本当に難しい

特性のある子どもたちは、目の前の報酬に飛びつきがちで、長期的に得られる報酬のために我慢することが苦手と言われています。**ゲームや動画はボタンを押す・クリックするという行為によってすぐに派手な反応が得られたり、次々と自動的に画面が変わっていくので、そもそもハマりやすい仕組みなのです。**嫌なこと、不安なことがあった時や、やるべきことに対して「今、やりたくない」と逃れたい気持ちから、ついつい長い時間ゲームや動画に没頭してしまう子もいます。小学生の間は特に、ゲームやタブレットは保護者が管理して、機械本体の時間制限機能などもうまく使いながら、ルールを一緒に考えて、そのルールを徹底的に守ることが大切です（子どもに守らせるだけでなく、大人も！）。

インスタの投稿

114

第3章 日常生活のお悩み編

子どもの視点では

後のことを考えて動く難しさを
ルールの遵守でカバー

やるべきことが終わってないとわかっていても、子ども本人はやっている最中は過集中の状態で、「このぐらいにしておこう」「そろそろごはんの時間だな」と自分でコントロールすることが難しいです。ルールを守るための仕組みづくりと、一度決めたルールを大人が「今日だけ」「まぁ 10 分ぐらいいっか」と気分で変えないことが大切です。

115

子どもがどう感じているか、
なぜその行動をとるのか、
なぜ苦手なのかなどを
しっかり解説！

さらに詳細に書いた
「with class」のコラム記事や、
りっき一家の取り組みを載せた
Instagram の投稿に
すぐ飛べる QR コード付き！

困った！の原因を知って
長期的視点で改善するためのヒント

困った！にすぐ対応できる
短期的視点の支援方法

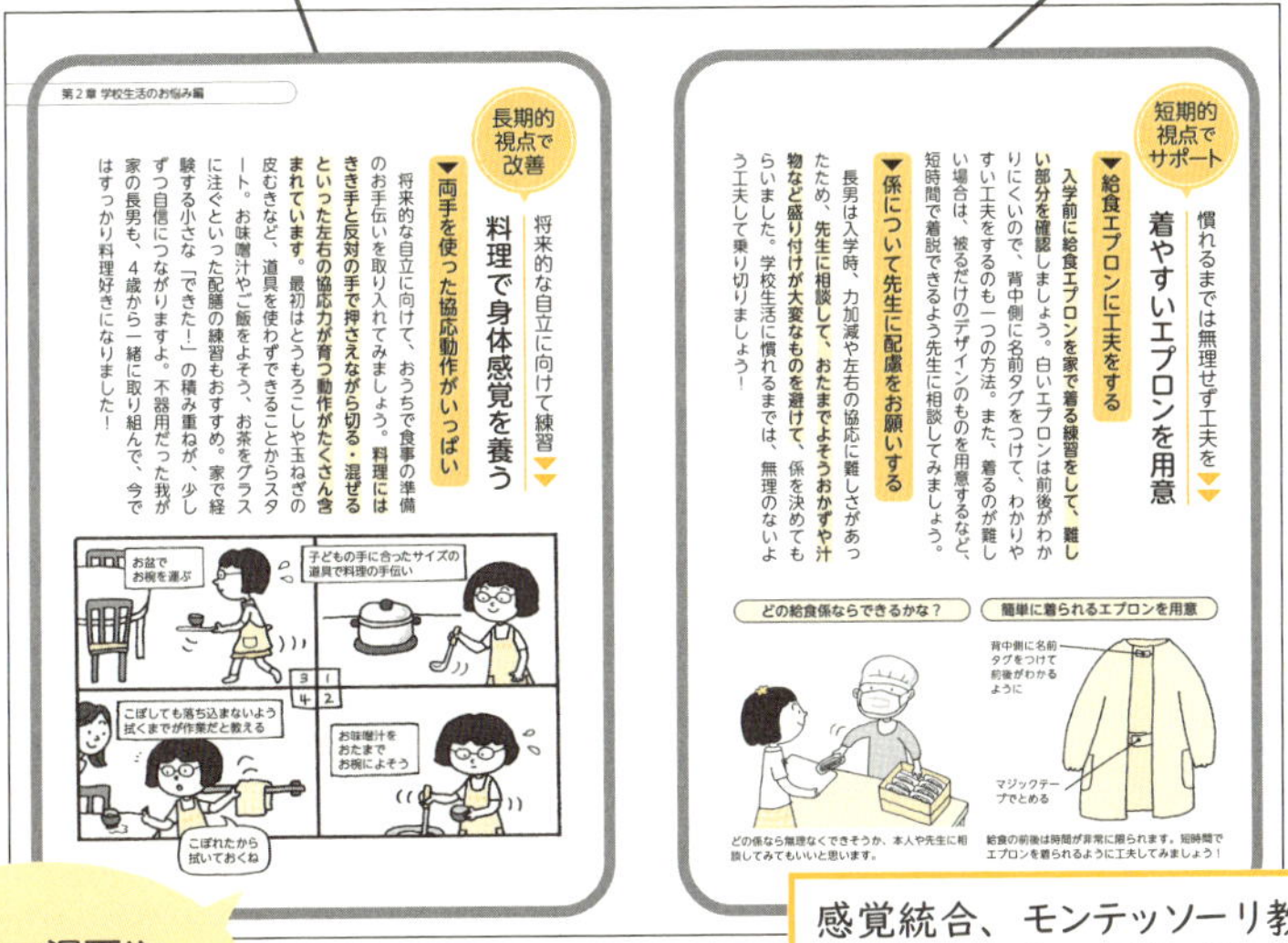
第２章 学校生活のお悩み編

長期的視点で改善

将来的な自立に向けて練習

料理で身体感覚を養う

▼両手を使った協応動作がいっぱい

将来的な自立に向けて、おうちで食事の準備のお手伝いを取り入れてみましょう。料理には**きき手と反対の手で押さえながら切る・混ぜるといった左右の協応力が育つ動作がたくさん含まれています**。最初はとうもろこしや玉ねぎの皮むきなど、道具を使わずできることからスタート。お味噌汁やご飯をよそう、お茶をグラスに注ぐといった配膳の練習もおすすめ。家で経験する小さな「できた！」の積み重ねが、少しずつ自信につながりますよ。不器用だった我が家の長男も、4歳から一緒に取り組んで、今ではすっかり料理好きになりました！

1
子どもの手に合ったサイズの道具で料理の手伝い
2
お味噌汁をおたまでお椀によそう
3
お盆でお椀を運ぶ
4
こぼしても落ち込まないよう拭くまでが作業だと教える
こぼれたから拭いておくね

短期的視点でサポート

慣れるまでは無理せず工夫を

着やすいエプロンを用意

▼給食エプロンに工夫をする

入学前に給食エプロンを家で着る練習をして、難しい部分を確認しましょう。白いエプロンは前後がわかりにくいので、背中側に名前タグをつけて、わかりやすい工夫をするのも一つの方法。また、着るのが難しい場合は、被るだけのデザインのものを用意するなど、短時間で着脱できるよう先生に相談してみましょう。

▼係について先生に配慮をお願いする

長男は入学時、力加減や左右の協応に難しさがあったため、**先生に相談して、おたまでよそうおかずや汁物など盛り付けが大変なものを避けて**、係を決めてもらいました。学校生活に慣れるまでは、無理のないよう工夫して乗り切りましょう！

どの給食係ならできるかな？
簡単に着られるエプロンを用意
背中側に名前タグをつけて前後がわかるように
マジックテープでとめる

どの係なら無理なくできそうか、本人や先生に相談してみてもいいと思います。

給食の前後は時間が非常に限られます。短時間でエプロンを着られるように工夫してみましょう！

四コマ漫画や
イラストで解説

感覚統合、モンテッソーリ教育、視覚支援の視点から、困りごとを分析し、家庭でできる取り組みを紹介しています。

りっきーイチオシの学校生活を
助けてくれるサポートグッズを紹介！

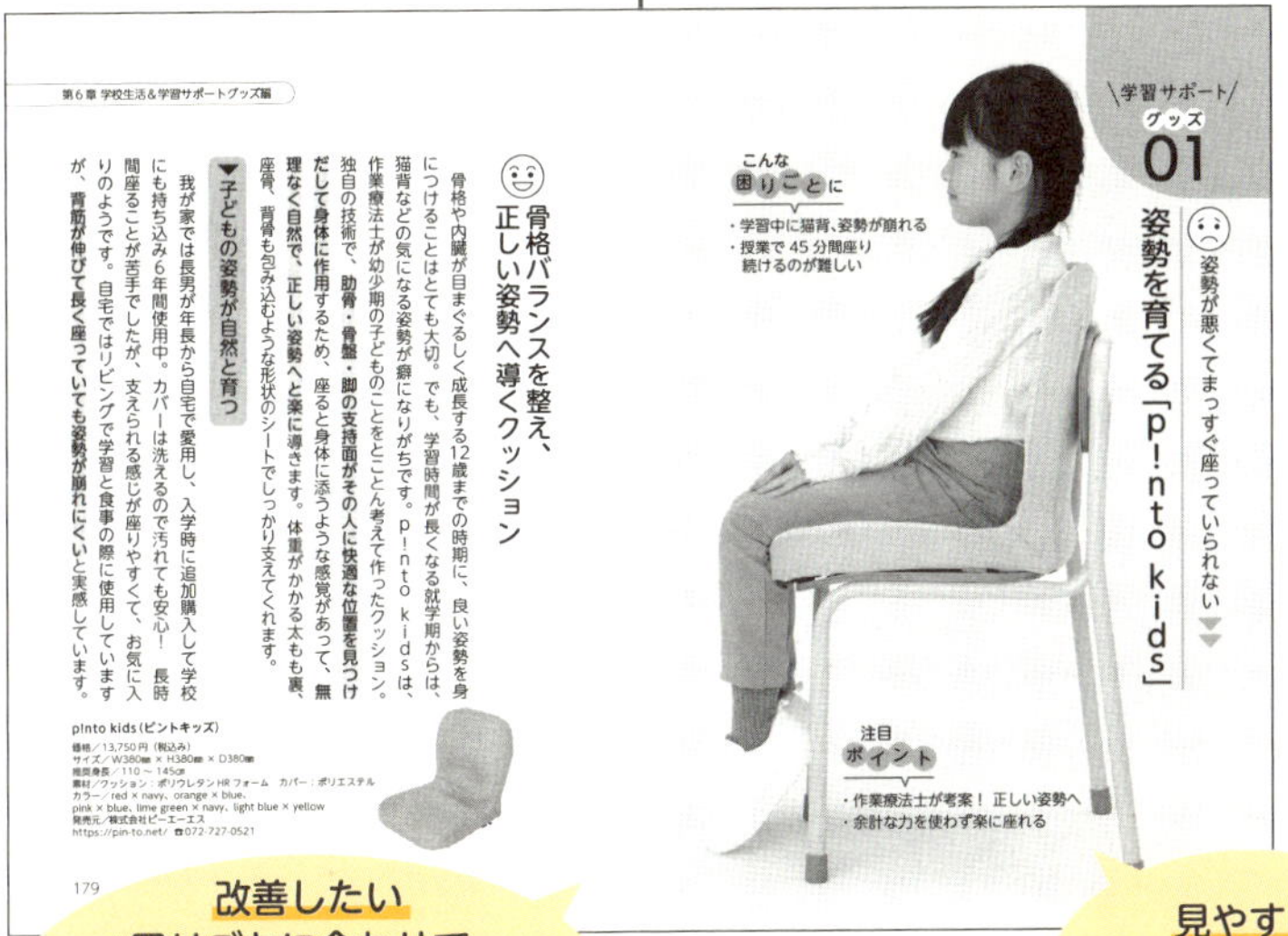
第６章 学校生活＆学習サポートグッズ編

\学習サポート/ グッズ 01

姿勢が悪くてまっすぐ座っていられない

姿勢を育てる「p!nto kids」

こんな困りごとに
・学習中に猫背、姿勢が崩れる
・授業で45分間座り続けるのが難しい

注目ポイント
・作業療法士が考案！ 正しい姿勢へ
・余計な力を使わず楽に座れる

骨格バランスを整え、正しい姿勢へ導くクッション

骨格や内臓が目まぐるしく成長する12歳までの時期に、良い姿勢を身につけることはとても大切。でも、学習時間が長くなる就学期からは、猫背などの気になる姿勢が癖になりがちです。p!nto kidsは、作業療法士が幼少期の子どものことをとことん考えて作ったクッション。独自の技術で、**肋骨・骨盤・脚の支持面がその人に快適な位置を見つけだして身体に作用する**ため、座ると身体に添うような感覚があって、**無理なく自然で、正しい姿勢へと楽に導きます**。体重がかかる太もも裏、座骨、背骨も包み込むような形状のシートでしっかり支えてくれます。

▼子どもの姿勢が自然と育つ

我が家では長男が年長から自宅で愛用し、入学時に追加購入して学校にも持ち込み6年間使用中。カバーは洗えるので汚れても安心！ 長時間座ることが苦手でしたが、支えられる感じが座りやすくて、お気に入りのようです。自宅ではリビングで学習と食事の際に使用していますが、**背筋が伸びて長く座っていても姿勢が崩れにくいと実感しています**。

p!nto kids（ピントキッズ）
価格／13,750円（税込み）
サイズ／W380㎜×H380㎜×D380㎜
推奨身長／110～145㎝
素材／クッション：ポリウレタンHRフォーム　カバー：ポリエステル
カラー／red×navy、orange×blue、pink×blue、lime green×navy、light blue×yellow
発売元／株式会社ピーエーエス
https://pin-to.net/　☎072-727-0521

179

改善したい
困りごとに合わせて、
あっと驚く優れものグッズを
紹介し、詳細に語ります！

見やすい
大きな写真を
掲載

見通しを持って
親子で楽しく
乗り切りましょう♪
発達が気になる子の
小学校6年間の
ロードマップ
小学校入学
授業中座って
いられない

スマホ・SNS
トラブル
中学校入学
高学年
文字の
読み書き
&教科学習
のつまずき
運動会や行事で
パニック

もくじ

はじめに …… 2
お子さんにこんな困りごとはありませんか？ …… 6
発達障害って何？ …… 8
本書の使い方 …… 10
発達が気になる子の小学校6年間のロードマップ …… 12

第1章 早めに始める就学準備編
うちの子、小学校でやっていける？ …… 22
01 子どもの発達が気になった時の相談先 …… 24
02 診断がつくメリット・デメリット …… 26
03 知っておきたい療育・手帳・手当のこと …… 28
「就学相談」って何するの？ 就学先の候補を知ろう …… 30
04 入学までに学校に相談しておこう …… 32

05 就学支援シートやサポートブックを作成……34
06 本人やきょうだい児への告知はいつ?……36
07 おうちで練習編① ランドセルを背負って、登下校の練習……38
08 おうちで練習編② 時間割通りに動く練習をしよう……40
09 入学前に購入編① 絵本を通して楽しい小学校生活をイメージ……42
10 入学前に購入編② 年長から小学校用の筆記用具を使おう……44

第2章 学校生活のお悩み編

子どものつまずきの背景にある「感覚統合」の視点……48
・発達は積み上げ式のピラミッド
・「感覚過敏」「感覚鈍麻」ってどういうこと?
・3つの基礎感覚の役割とつまずき
・触られるのが嫌い? 怪我を痛がらない?
・平衡感覚のつまずきでパフォーマンスが発揮できない
01 授業中に立ち歩く・気が散ってしまう……64
02 忘れ物が多い……68

03 整理整頓ができない……72
04 急な予定変更に対応できない……76
05 行事でパニック・参加したがらない……80
06 順番やルールが守れない……84
07 気持ちが伝えられない……88
08 給食当番がうまくできない……92

第3章 日常生活のお悩み編

困った子は困っている子……98
モンテッソーリ流・将来困らない自活力のつけ方……100
子どもにどんな18歳になってほしいですか？……102
身支度や片付けが自分でできる動線とは……104
01 学校の準備を自分でできない……106
02 宿題をやろうとしない……108

03 時間配分が苦手・優先順位がつけられない …… 110
04 ゲームや動画をやめられない …… 114
05 お小遣いを計画的に使えない …… 118
06 習いごとが続かない …… 122

第4章 苦手な科目の学習サポート編

小学校の教科学習はどうサポートする? …… 128
01 文章を読むのが苦手 …… 130
02 文字を書く・板書が苦手 …… 134
03 文章問題が理解できない …… 140
04 計算が苦手 …… 144
05 図形問題が苦手 …… 148
06 図画工作が苦手 …… 152
07 体育が苦手 …… 156

第5章 高学年ならではのお悩み編

01 空気が読めない子と思われてしまう …… 162
02 高学年なりの「適切な距離感」がわからない …… 164
03 特性がある子の性教育 …… 168
04 スマホ・SNSトラブルを防ぎたい …… 170
05 中学・高校の進路選択・相談・準備 …… 172
06 進学、就職……我が子の将来が不安 …… 174

第6章 学校生活&学習サポートグッズ編

01 姿勢が悪くてまっすぐ座っていられない
姿勢を育てる「p!nto kids」 …… 178
02 椅子に座ってもソワソワと落ち着きがない
センサリーツール ふみおくん …… 180
03 切り替えや時間管理が苦手
時っ感タイマー&ラーニングタイマーS …… 182

04 筆圧の調整や文字を書くことが苦手

整った文字が書ける「魔法のザラザラ下じき」…… 184

05 白いノートがまぶしい、筆算の時に位がズレる

まほらゆったりつかう学習帳&計算用フセン〝Toketa!〟…… 186

06 不器用ではさみが使いこなせるか心配

安全・簡単に切れる新しいはさみ「Casta」…… 188

07 手先が不器用でコンパスが上手く回せない

握ってくるん！「スーパーコンパス くるんパス」…… 190

08 立体の展開図の理解は平面だけでは難しい

透明立体図形&折りたたみ展開図 …… 192

第7章 保護者のお悩み編

01 障害を受け入れられない …… 196

02 困っているのは子ども？それとも保護者？…… 198

03 ママ友とのお付き合い …… 200

04 仕事と療育の両立 …… 202

おわりに……204
参考書籍・データ参照先……207

COLUMN パパママ相談室

好きなことを見つけるにはどうしたらいいの？……46
放課後をどこで過ごさせるか悩みます……96
習いごとの先生に特性は伝えた方がいい？……126
文章問題に慣れるのにおすすめのドリルは？……160
うちの子、ギフテッド？　情報が少なくて困る！……176
話す機会が激減！　学校の先生とのやりとりのコツは？……194

第1章

早めに始める就学準備編

うちの子、小学校でやっていける？

記事はこちら

発達が気になるお子さんがいると、小学校生活は楽しみ以上に不安が大きく、「何から準備したらいいのだろう？」と思うことも多いですよね……。発達障害のある小6長男がいる私自身、全く同じように感じていました。我が子の成長を信じたい気持ちと、**「本当にうちの子は小学校でやっていけるの？」**という複雑な思いの中、漠然とした不安を解消すべく情報収集をするも、「相当頑張って調べないと情報が得られない」という現実にぶつかりました。そこで第1章では、これから就学準備を始める方に向けて、発達支援の現状と我が家で準備したこと、入学してから思った「これをしておけばよかったな」という経験をお伝えしたいと思います。

▼普通学級でも1～2年生の約12％の生徒が困っていた

この10年で特別支援教育にさまざまな変化がある中、文部科学省が2022年に教師に対して行った調査で、**公立小中学校の普通学級に通う子どものうち、8・8％が学習面や行動面で著しい困難を示している**ことがわかりました（2012年の調査では6・5％）。**小学校全体では10・4％**、さらに学年別に見ると、**低学年に至っては1年生12・0％、2年生12・4％**の子が学習面や行動面で著しい困難を示していました（巻末注※1）。12％

●特別支援教育の現状（在籍、利用者数）

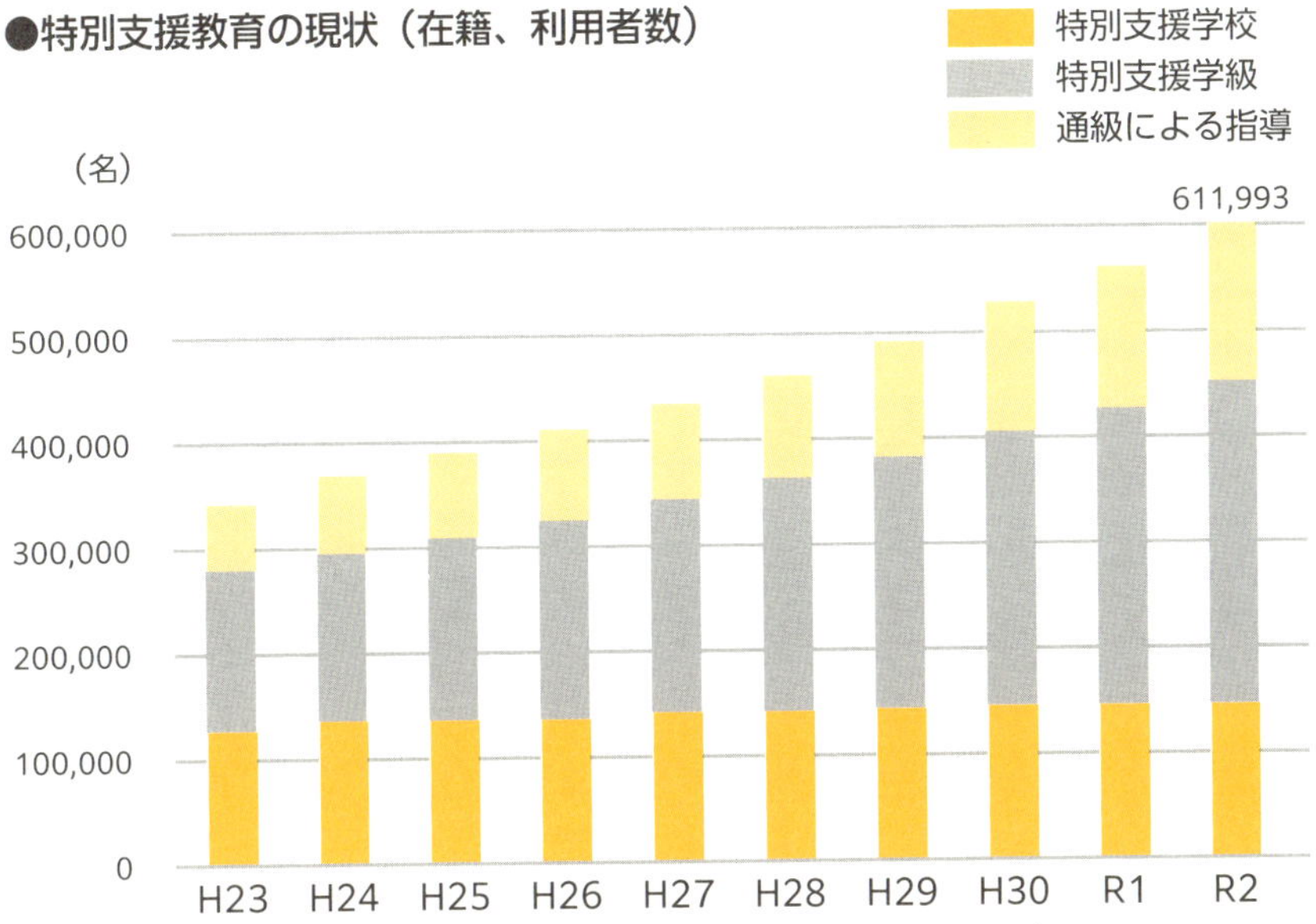

巻末注※２ 文部科学省（特別支援教育資料 令和４年度 第３部資料編）. 2024. をもとに作成

というと35人学級で約４人。**この中には既に特別支援学級に在籍している子どもは入っていない**ため、学校全体での数値はさらに上がります。あくまで学校現場の先生方の体感値ではありますが、困っている子は意外と多く存在しているようです。

「授業中の45分座っていられない」「相手の気持ちを想像するのが難しくトラブルになる」といった困りごとは、やり方を教え、訓練したらすぐに解消できるものではなく、子どもたちの発達の根幹の部分から問題を捉えて見直していくべき課題です。これから一緒に一つひとつ準備とサポートの仕方を考えていきましょう！

＼就学準備の／
お悩み
01

心配なら専門家の視点で見てもらおう

子どもの発達が気になった時の相談先

集団生活やおうちでの様子から、「あれ？　うちの子の発達大丈夫かな？」と気になったら左ページにあるような機関に相談をすることができます。いきなり専門機関に行くのはハードルが高いなという時は、通っている園や学校の先生、スクールカウンセラー等にまず相談するのも一つの方法。先生によって発達障害に対する知識量の差はありますが、ここ10年で以前に比べ認識が広まり、理解度は確実に上がっています。「保護者がお子さんの発達を心配している」と伝わるだけでも見守りの目は増えますし、**気にかけてくれる味方が増える＝親子共に心の安定につながる**と私自身感じています。でも、一度支援を受けると、子どもの将来に影響するのでは？とご心配の方もいらっしゃるかもしれません。

▼早期の適切な支援はメリットの方が大きい

我が子が支援を受け、モンテッソーリ教室では支援する側の立場も経験してみて、**できる限り早期に適切なサポートにつながることのメリットの方が遥かに大きい**と感じます。後になって支援なしで大丈夫ならそれでよし！　お子さんの得手不得手を専門家の視点を入れて把握してサポートすることで、「できた！」という経験を増やしてあげましょう。

市区町村の健診などから支援機関へつながる流れ

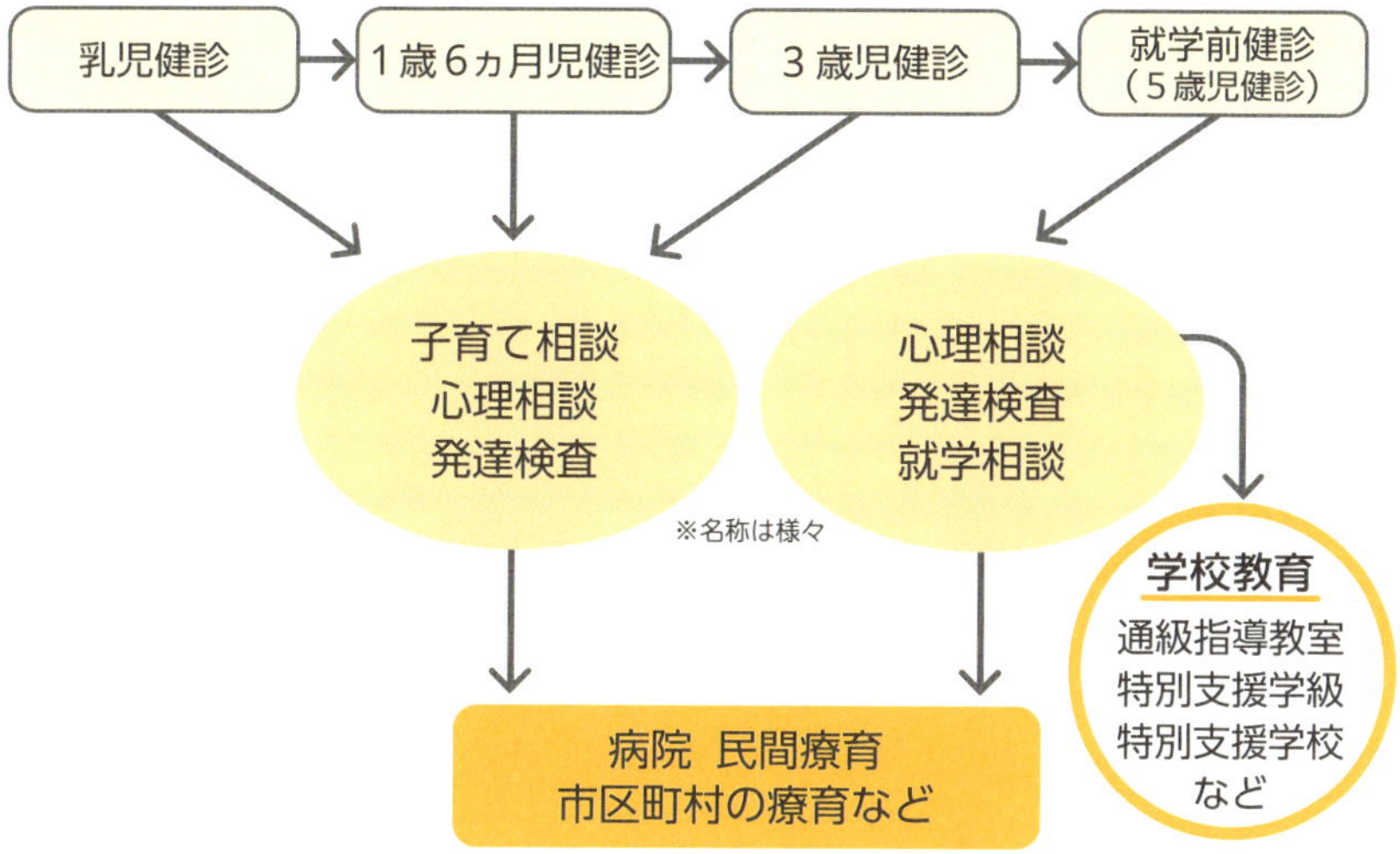

自分から相談したいことがある場合の相談先

※診断名をつけられるのは医師のみです。
心理士による発達検査では診断されません。

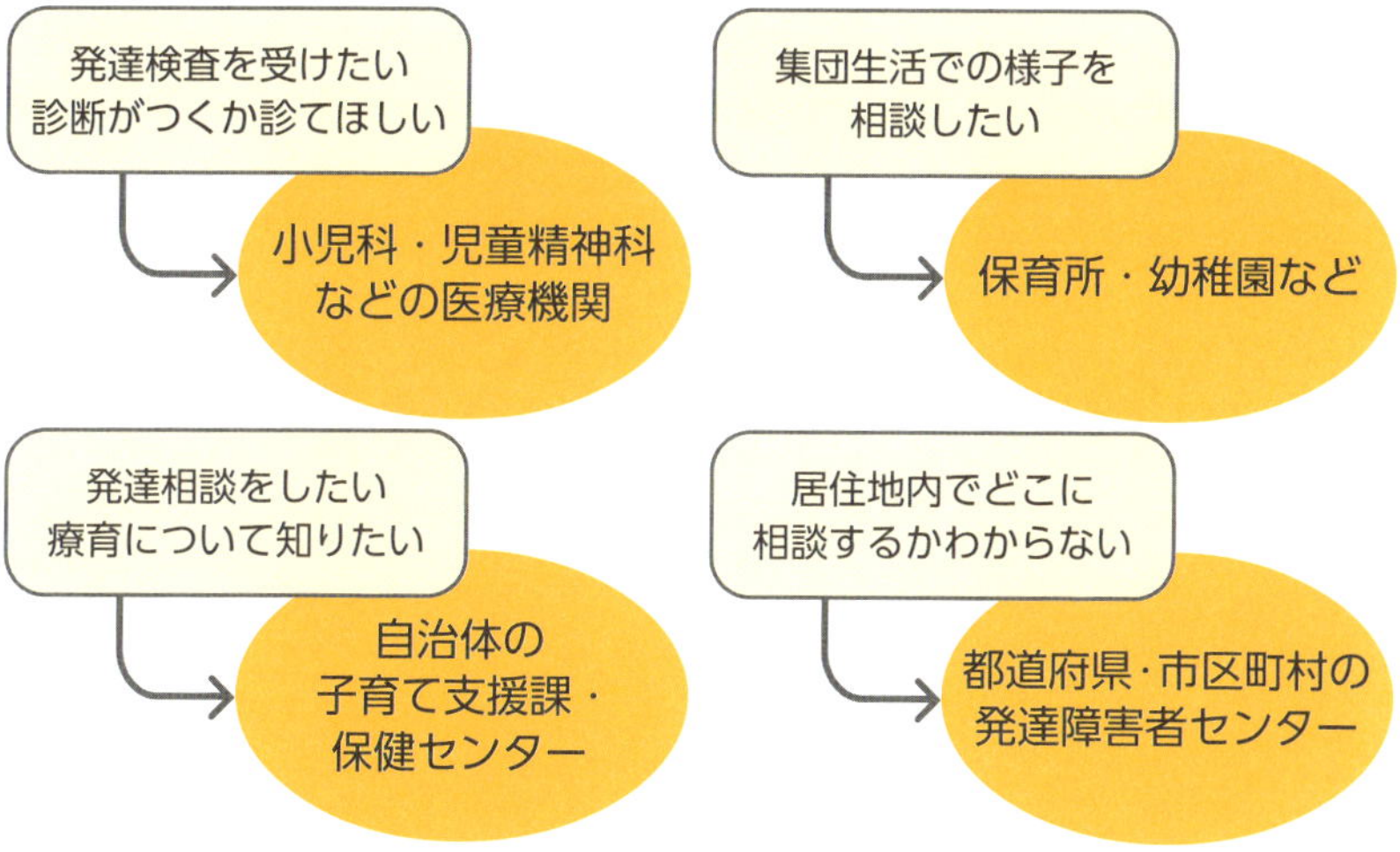

＼就学準備の／
お悩み
02

子ども自身の困りごとをサポートするために

診断がつくメリット・デメリット

我が家の長男は4歳2ヵ月の時に、「自閉スペクトラム症・軽度知的障害（現在は境界知能）・ADHD疑い（のちに確定）」の診断がつきました。初めて保健センターの窓口に行ったのが2歳半ごろ。発達検査は受けたものの様子見が続き、そこから1年半以上経って、小児科の発達外来でようやく診断がつきました。サポートにつながるまでに時間がかかったこともあり、診断がついた時はホッとした気持ちの方が大きかったです。我が家の場合、**診断がついたことでほぼメリットしかなかったです**。例えば……

- **保育園でのサポートをお願いしやすくなった**
- **年中時には加配保育士（通常の職員に加え配置されるサポートの先生）がついた**
- **市の療育園への並行通園の申請時に待機児童がいたが入所できた**
- **就学相談で支援学級を希望した時にスムーズだった**

お住まいの地域によっては診断がついていなくても、療育に必要な「通所受給者証」が交付されることもありますが、年々発達支援のニーズが高まる中、診断のおりた子の方が優先されるケースも。療育は必要がなくなればやめることもできるので、診断を受けられる環境があるなら一度よく検討してみてください。

▼診断がつくデメリット、あるとすれば……

我が家にはほぼメリットばかりだった発達障害の診断ですが、皆さんが気になるのはデメリットがあるかどうかだと思います。デメリットをあえて挙げるならば、**発達障害の診断や定期的な通院は、保険加入の際の告知義務事項になる**こと。詳しくは、企業向けに発達障害への理解を促す研修を行うほか、「発達障害に詳しい保険とお金の専門家」として情報発信され、ご自身もＡＤＨＤの当事者であるファイナンシャルプランナーのイワキリ（岩切健一郎）さんのインスタグラムのアカウントがわかりやすくておすすめです！

メリット

支援員等のサポートを お願いしやすくなる

デメリット

保険加入の際に告知が必要

イワキリ（@iwakiri_fp）さんのインスタグラム投稿
「発達障害の人 保険の告知は これが正解」を参考に！

発達障害に関する通院がある場合、加入時に告知が必要になります。

就学準備のお悩み

03

知っているか知らないかで大きく違う

知っておきたい療育・手帳・手当のこと

インスタの投稿

▼療育ってなに？

発達障害の子どもが受けられる支援として、一般的によく知られるのは**「療育」**。正式には**未就学児向けは「児童発達支援」、小学生～高校生向けは「放課後等デイサービス」**という名称の福祉サービスです。大きく分けると市区町村などが管轄する公の療育園や療育センターなどの施設と、民間企業がサービス提供する療育施設があり、住んでいる市区町村から交付される「通所受給者証」という証明書を使って、支給量（上限利用日数）に応じて施設と契約を結んで利用することができます。また、受給者証を使った福祉サービスには**「保育所等訪問支援」**もあります。専門知識を持った支援員が、保護者からの要望に基づき、保育園・幼稚園や学校・学童などの集団生活の場に訪問し、**対象の子どもの困りごとなどを分析して、子どものサポートをしたり、各施設の職員に必要なサポート方法を伝えたり**してくれます。長男の通っていた市の療育施設からも先生が保育園に訪問し、連携をとってくださっていました。なお、これらのサービスの利用者負担は1割ですが、保護者の所得による負担上限があり、現在は満3歳になって初めての4月1日から3年間

発達障害に関わる障害者手当

・特別児童扶養手当

20歳未満で精神又は身体に障害を有する児童を家庭で監護、養育している父母等に支給

通所受給者証

障害児通所支援を一部の自己負担で利用可

・児童発達支援
・放課後等デイサービス
・医療型児童発達支援
・保育所等訪問支援　他

障害者手帳

公共料金の割引や税金の軽減が受けられることがある

障害者手帳の種類	対象
身体障害者手帳	身体障害
精神障害者保健福祉手帳	精神障害 発達障害
療育手帳	知的障害

→発達障害に関わるもの（精神障害者保健福祉手帳、療育手帳）

※各自治体において、判定基準等の運用方法を定めて実施されています。具体的な手続き方法等については、お住まいの地域の担当窓口にお問い合わせください。

は無償化されています。

▼障害者手帳と手当って？

我が家の長男は軽度の「療育手帳」を所持し、「特別児童扶養手当」を受給しています。これらは診断がつくと自動的に付与されるものではなく、自治体に申請します（審査が通らないことも）。また、年齢や障害の程度に応じ、１年〜数年に一回受給資格更新のための検査や診断書が必要。知的障害のある子には「療育手帳」、知的な遅れのない発達障害児には「精神障害者保健福祉手帳」取得の選択肢も。障害者控除、自動車税の減免、公共施設や交通機関の割引等が受けられる場合もありますので、居住する自治体の情報を確認しましょう。

就学先の候補を知ろう

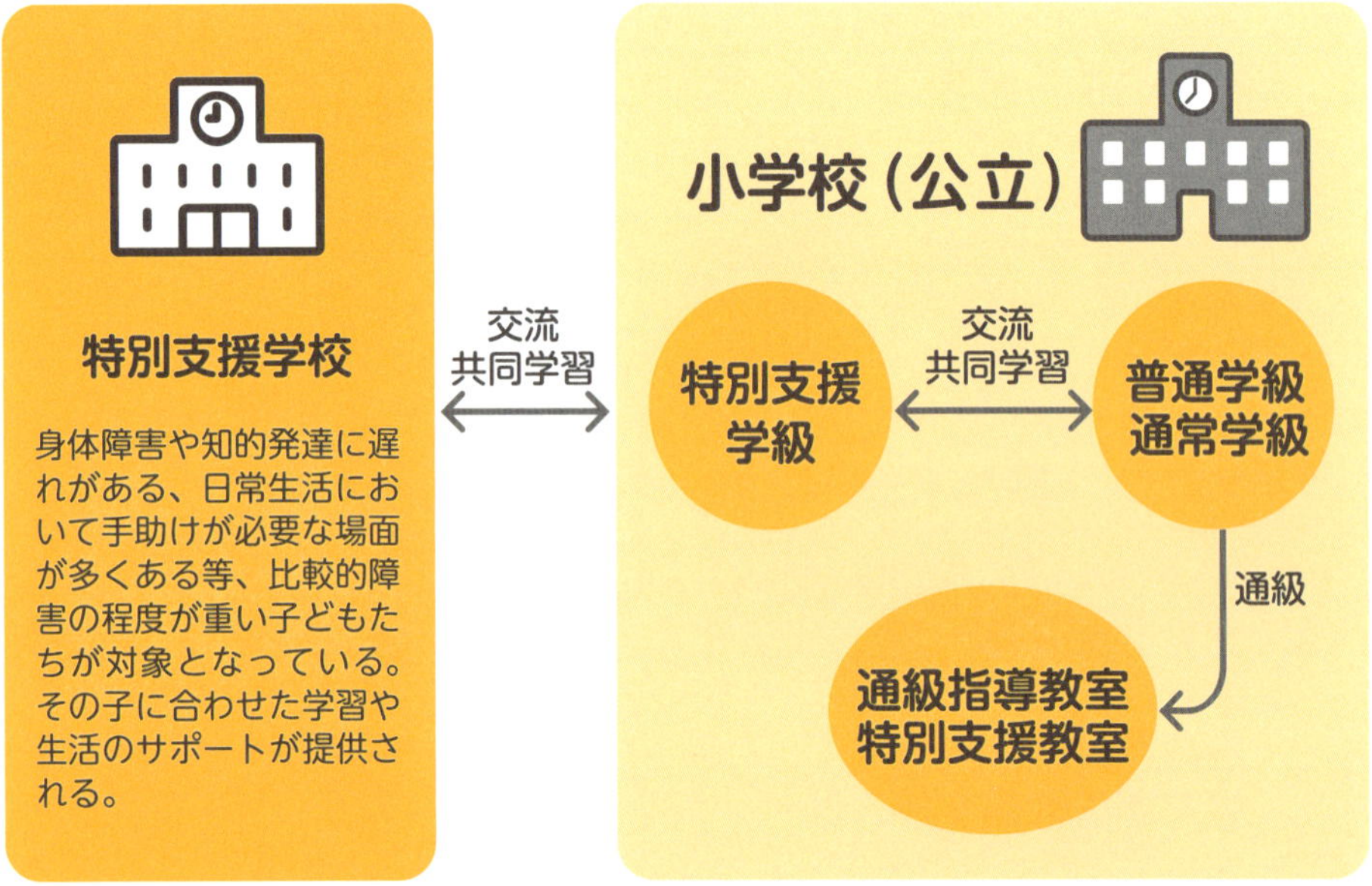
特別支援学校
身体障害や知的発達に遅れがある、日常生活において手助けが必要な場面が多くある等、比較的障害の程度が重い子どもたちが対象となっている。その子に合わせた学習や生活のサポートが提供される。
交流
共同学習
小学校（公立）
特別支援
学級
交流
共同学習
普通学級
通常学級
通級
通級指導教室
特別支援教室

特別支援学級

1クラスにつき、児童は最大8名の少人数体制。情緒級・知的級など種別あり。子どもの特性に合わせ、自立活動の時間の他、学習指導要領に基づいて学習を行う場合や、特別支援学校に準じて学習を行う場合などがある。参加できる時間は普通学級（交流級）で過ごすケースも。

通級指導教室or特別支援教室（東京都）

通級指導教室：普通学級に在籍し、大半の時間を普通学級で過ごし、週1～8単位時間ほど特性に応じたサポートを別室で受ける。自校にない場合は他校に通うことも。
特別支援教室：指導内容は通級指導教室と基本的に同じだが、担当教員が巡回する形式なので在籍校にいながら支援を受けることができる。

普通学級
通常学級

定員35名（40名から段階的に移行中）に教師が1名。定型発達と言われる子どもたちに対して、決められたカリキュラムで集団授業がメインで行われる。通級指導教室に通う児童も普段はこちらに在籍。特別支援学級在籍の児童が普通学級で過ごす時間は地域により大きく異なる。支援員がつくこともある。

「就学相談」って何するの？

保護者・園の先生・就学先候補の学校・療育機関の職員や専門職・教育委員会等の関係者で、その子にとってどの環境が一番力を伸ばし、楽しく過ごすことができるのかを協議して決定していく。

就学相談の流れ・スケジュールの一例（年長児）

4～9月	保護者による申し込み	療育を受けていると就学相談についてお知らせがありますが、全家庭に通知が来るものではありません。市区町村や各学校、教育委員会のHPや電話から申し込みます。
5～11月	面談・診察など	学校側との面談や自治体担当者による園訪問＆行動観察、医師・臨床心理士による面談、発達検査などが行われます。 診断がついていなくても、発達に気になることがある場合は相談可能。
7～10月	学校見学	特別支援学校や特別支援学級などを就学先候補として学校公開日に見学したい場合、事前予約が必要な場合もあるので、要確認。
夏頃～11月	保護者面談・就学先の検討	面談・行動観察・検査結果を踏まえて、特性や課題に応じた教育の場を総合的に判断し、保護者に伝えます。最終的に保護者が決定します。 就学相談に申し込むほどじゃないけど……という場合も、秋ごろの就学前健診で学校側に相談しておくと、入学後に困りごとが出てもスムーズ。
秋頃～翌1月	就学通知	就学通知書の内容を確認したら、署名をして返信。場合により、再検討。 自治体によっては、保護者の希望があれば就学支援シートを作成し、就学先へ提出。
翌4月	入学	担任や特別支援教育コーディネーター、スクールカウンセラー等と連携して様子を見守ります。 昨今では在学中の転籍も比較的柔軟に行われるように。ただし、地域差があることと、年度途中の転籍は教員の配置の問題等もあり、難しいことが多いので、相談は前年度の夏休みごろまでにするのがおすすめ。

※就学相談は自治体によって、申請先や申し込み方法、内容、スケジュールが異なります。

＼就学準備の／

お悩み

04

入学前後のイベントは事前に下見できるか確認！

入学までに学校に相談しておこう

インスタの投稿

就学相談と並行して、**秋にはお住まいの学区の小学校で「就学前健診（就学時健康診断）」が行われる**のが一般的です。このタイミングですでに進学先が決まっている場合もそうでない場合もありますが、3歳時健診以来の集団健診に構えてしまう親子も多いかと思います。我が家も3歳時健診撃沈組でしたのでとてもよくわかります（汗）。

▼事前に下見ができるかも？

心配な場合は健診を受ける学校に問い合わせて、事前見学などができないか相談するのも一つの手です。我が家はあらかじめ連絡し、前日の設営後に健診会場を見学させてもらいました。実際に使う器具も見せてもらったおかげで、長男本人も安心して健診当日を迎えることができて、とてもありがたかったです！

▼就学前健診〜入学までに相談すること

進学先が決まったら、入学までに具体的にどんなサポートを受けられるのかすり合わせをしていきます。通常学級・通級（通級指導教室）・特別支援教室・特別支援学級・特別支援学校、それぞれの特色や先生方の体制により、**本人や保護者の希望と、学校側が可能なサポートには乖離《かいり》があることも……。**不安はゼロにはなりませんが、気になることは「こんなこと聞いていいのかな？」と遠慮せずに確認して、見解の違いをなるべく少なくしておきましょう。我が家は**指定の学用品以外に持ち込みたいサポートグッズや、通常学級で過ごす時間のサポート体制、入学式前日の下見について相談**しました。入学式は体育館での開催だったので、マイクの音声を聞かせてもらったり、座る座席、困った時に声をかける先生もあらかじめ紹介してもらえて、とても助かりました。

就学前健診用の視覚支援メモ

就学前健診について、視覚支援のメモを使ってあらかじめ長男に何をするか伝えました。メモと下見のおかげもあり、親から離れて受診できました。

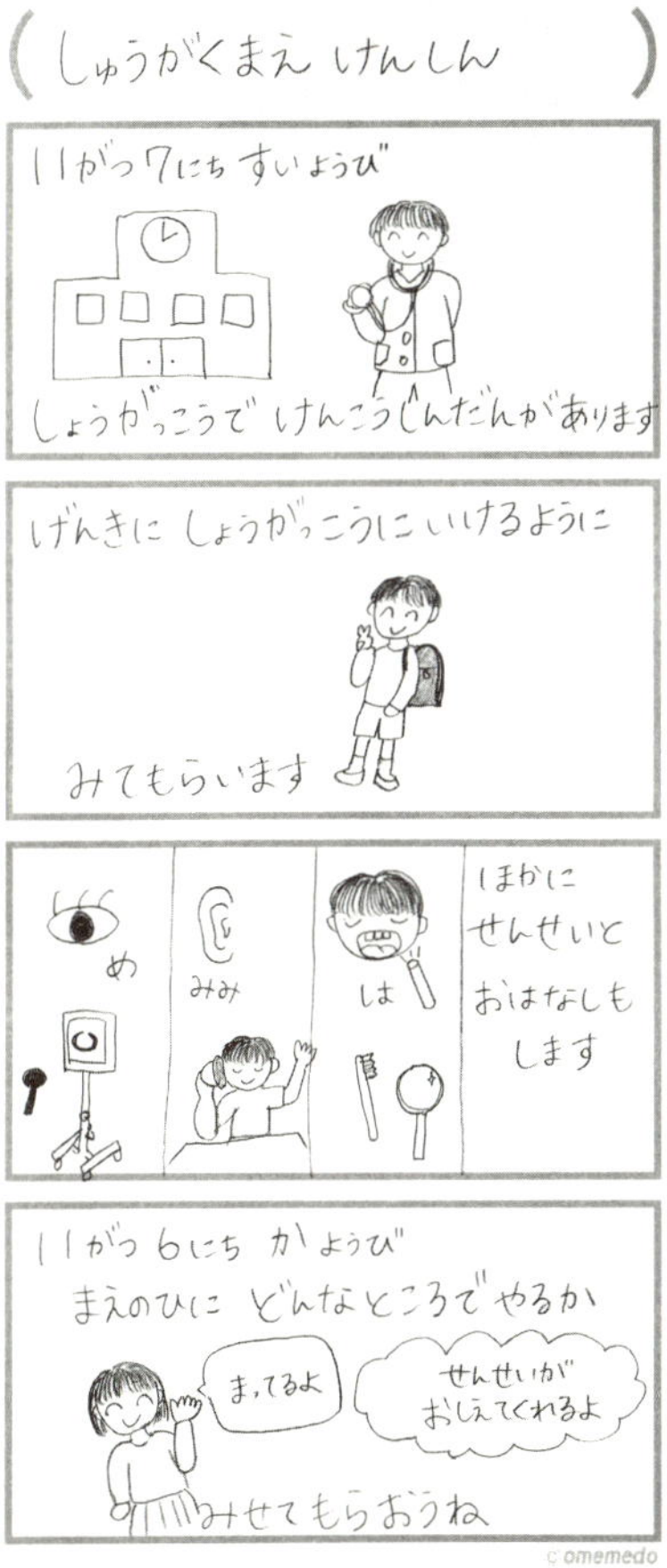
（しゅうがくまえ けんしん）
11がつ7にち すいようび
しょうがっこうで けんこうしんだんが あります
げんきに しょうがっこうに いけるように
みてもらいます
め
みみ
は
ほかに せんせいと おはなしも します
11がつ 6にち かようび
まえのひに どんなところで やるか
まってるよ
せんせいが おしえてくれるよ
みせてもらおうね
© omemedo

\就学準備の/
お悩み
05

子どもの性格や特性について伝えるツール

就学支援シートやサポートブックを作成

入学目前になると、子どもたちの具体的な情報を学校側に伝えてサポート体制を固めていきます。自治体によって名称は違いますが「就学支援シート」のような形で保護者が記入したものを渡す場合も。保育園や幼稚園の先生から学校への引き継ぎは必ず行われ、生活の様子などは支援の先生にも情報として伝わりますが、**おうちでの様子や配慮してほしいこと、理解してほしい特性など保護者ならではの情報を伝えるには「サポートブック」を活用することもおすすめ**です。

▼サポートブックの様式はいろいろ

ここ数年で自治体が作成しているものだけでなく、民間または個人によって作成されたサポートブックが増えています。我が家ではこれまで8年ほどサポートブックを使用してきました。当初は自治体のものを使っていましたが、情報は網羅されているもののページ数がかなり多く、読む先生への負担が大きそうだなぁと感じることも。その後、何度かフォーマットの変更をするなど試行錯誤しながら現在使用中のものにたどりつきました。せっかく書いたものも、読んでもらえないと意味がありませんよね。これまでの経験上、我が子の取扱説明書のようなイメージで数ページに必要な情報がコンパクトにまとまっていて、視覚的にも見やすく、先生が構えずにさらっと読めるものが、書く側にも見る側にも良さそう！　**新学年になったら（前学年の３学期の終わりが理想的）学校の特別支援学級や通常学級の先生にそれぞれお渡ししたり、利用している放課後等デイサービスや習いごと先にも、コピーしてお渡しして良いか確認した上、渡すようにしています。**

サポートブックをダウンロード

保護者・支援者が一緒に作った かゆいところに手が届くサポートブック（我が家もここ数年愛用中！）をご紹介

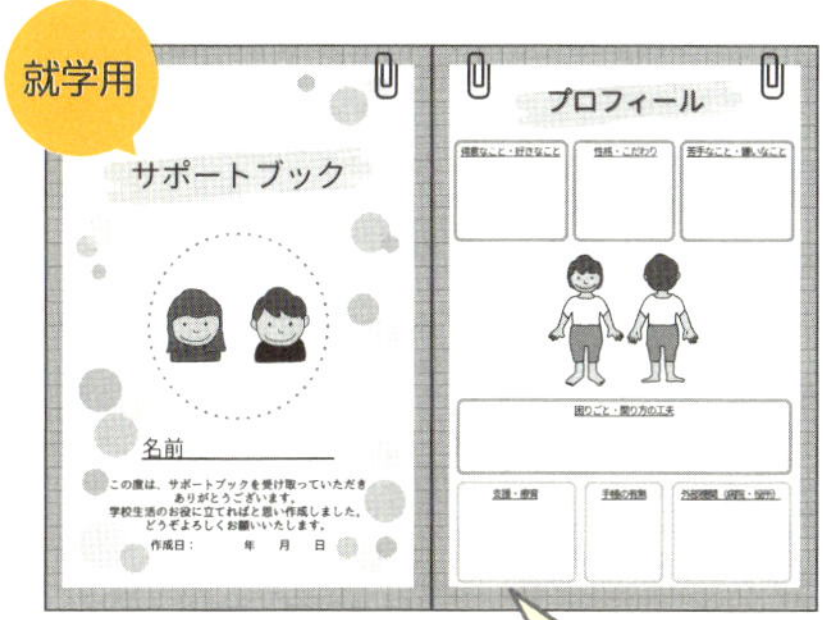
就学用
サポートブック
名前
この度は、サポートブックを受け取っていただきありがとうございます。
学校生活のお役に立てればと思い作成しました。
どうぞよろしくお願いいたします。
作成日：　年　月　日
プロフィール
学校・園の先生の意見を取り入れました

就学用はこちら

未就学用はこちら

Instagram
@omame_ism　@oyaoya__maiko__
@oyaoya.kosodate

熊本の保護者が作った「チクサク熊本」のサポートブック

感覚過敏
触覚過敏（あり・なし）
★どのようになる？
★現在の対応法
聴覚過敏（あり・なし）
サイレン　かみなり　叱責の声
休み時間　集会　運動会
★どのようになる？
★現在の対応法
偏食（あり・なし）
★どのようになる？
★現在の対応法
視覚過敏（あり・なし）
まぶしく感じる
★どのようになる？
★現在の対応法
嗅覚過敏（あり・なし）
苦手なにおい
★どのようになる？
★現在の対応法
その他に伝えたいことがあれば記入
チクサク熊本

チクサク熊本

詳細に書きこめるので、特に先生や支援者に伝えておきたい特性など、必要なページを選んで使用しても◎。

就学準備の
お悩み
06

自分を知り、苦手に向き合う方法を学んでいくために
本人やきょうだい児への告知はいつ？

記事はこちら

診断の有無にかかわらず、本人の特性について、いつどのように伝えるかは難しい問題。通常学級にだけ通うのではなく通級指導教室や特別支援学級にも行く場合、本人へ何かしらの説明が必要かどうか、正解はないからこそ親は悩みます。告知のタイミングは、

- **入学や支援学級への入級など環境が変わる時**
- **特性による困りごとで本人が違和感を持ち始めた時**
- **学校で障害について学ぶ授業がある時**

などが考えられます。たとえば、支援学級で過ごすにあたって、通常学級のみんなと一緒のことがしたい場合、ネガティブな気持ちにならないよう配慮が必要。**急に本人から障害や特性について聞かれても慌てないように、事前に伝え方を考えておくことが大切。**伝え方に迷うときは、主治医や療育の先生等、他の家庭の障害告知の実例を知る人に相談するのも良いでしょう。誰しも得手不得手がありますが、苦手な部分が強く出て生活に困るならば、過ごしやすい環境を選ぶのは誰にでも認められた権利であり、何も悪いことではありません。**苦手なこととの付き合い方や困った時に助けを求める方法を社会に出るまでに少しずつ学び、自信を積み重ねていくために、**本人に合ったタイミングで特性について話せると良いですね。

▼きょうだい児への伝え方

年齢差や障害の程度、特性により伝え方やタイミングもさまざまなきょうだい児への告知。同じ学校に通い始めるタイミングや、きょうだい児が特性について疑問に思った時に伝えるケースが多いようです。保護者からはきょうだい児を我慢させることが多くなってしまうという悩みも多く聞かれます。障害に対して偏見を持たないような声かけをしつつ、**ポジティブな感情だけでなく、ネガティブな感情も受け止められるといいですね。**我が家の本人やきょうだいへの告知については右ページのＱＲコードのコラムから読めます。

＼ りっきーのインスタグラムで実施 ／

本人への障害告知アンケート

Q. 本人へ障害のことを伝えましたか？
(障害名は言わずに特性を説明した場合を含む)
(450 名回答)

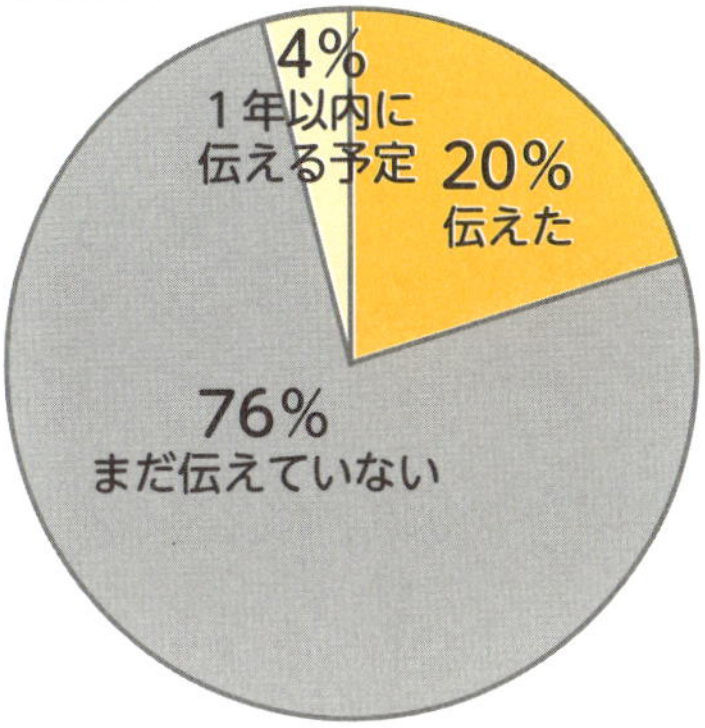
4%
1年以内に
伝える予定
20%
伝えた
76%
まだ伝えていない

Q. 本人告知をした時期は？(190名回答)

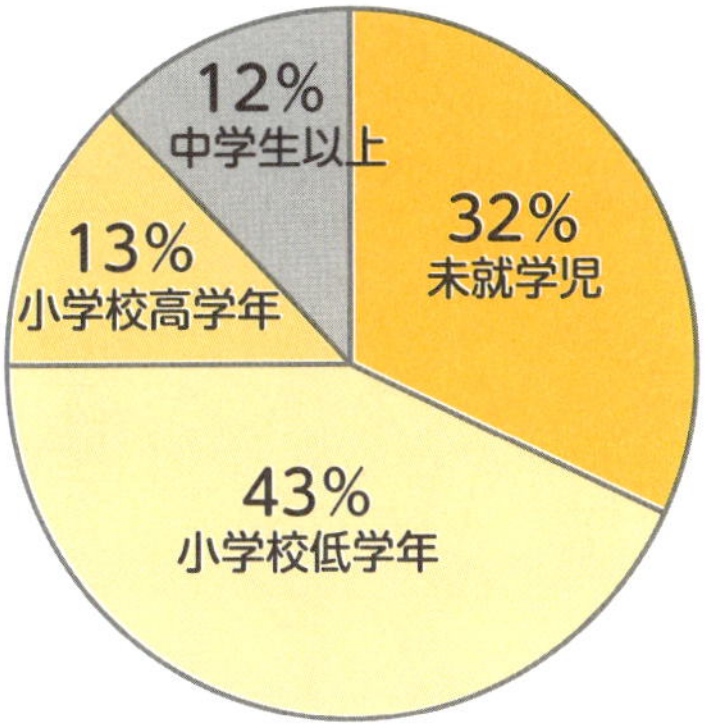
12%
中学生以上
32%
未就学児
13%
小学校高学年
43%
小学校低学年

告知した家庭は比較的低年齢のうちに、障害名を出さずに特徴として伝えたという回答が多かった。

＼就学準備の／
お悩み
07

入学前準備――おうちで練習編①――

ランドセルを背負って、登下校の練習

保育園や幼稚園のような親やバスによる送迎がなくなる小学生。集団登下校があるかないかによっても違いますが、あらかじめ登下校の練習をしておくことをおすすめします！

記事はこちら

▼通学路の危険な場所をチェック

子どもと一緒に実際に通学路を歩くことで、危なそうなところ、気をつけるポイントなどを知ることができます。また、身体の小さな1年生にとって、教科書の入ったランドセルは想像以上に重いもの。**登下校の練習の時にはランドセルに本などを入れて、リアルな状況に近い形で練習**してみましょう。可能であれば、一度は実際の登校・下校時間に小学生が歩いている横で一緒に練習できると雰囲気がわかって安心です。我が家は集団登下校のない地域だったので、年長の1月から2～3回、学校まで往復の練習をしました。小柄な長男は何度か途中で「お茶を飲みたい」と休憩したがったので、安全に休めるところを親子で探して決めました。本人も何度か足を運ぶことで、少しずつ登下校のイメージができるようになっていきました。

▼盲点だった雨の日の通学

保育園の頃は、傘をさしたことはあっても、使った後の傘のベルトを巻く、濡れたカッパをしまうなど自分で片付けたことがありませんでした。その結果、雨の日の帰宅後、びしょびしょになったカッパとプリントが一緒に入っていて大惨事に！　どうやらうまく片付けられなかったようです……。初年度の６月は付き添いで登校したこともありましたが、昇降口で傘やカッパを片付けられず泣いている１年生が他にもいました。練習していても、予期せぬことが起こるのが１年生、という心構えも必要です。

親子で下見！
通学路を歩いてみよう

青になったよ。
右・左・右を
見てから渡ろうね

傘のベルトを巻いて
片付ける練習をしよう

就学準備の
お悩み
08

入学前準備──おうちで練習編②──

時間割通りに動く練習をしよう

小学生になって大きく変わるのは「時間割に基づいて動く」ということです。できれば年長の間に「時間割というものがあるよ」、「チャイムが鳴ったらそれを区切りに動くんだよ」と伝えておけると安心。

▼時間割を先にもらえるとベター

我が家では学校との就学相談が始まった1回目の面談のタイミングで現1年生の時間割を見本としてもらい、部屋の壁に貼って「来年からはこんな授業があるよ～」と伝えて見慣れておく作戦をとりました。長男は3歳から視覚支援ありの生活をしていたこともあり、見て理解するということに関しては、割とスムーズな方だったかもしれません。

▼見て確認する習慣をつけよう

時間割に限らず、小学校生活では書かれたことを見て確認し、次の行動をする場面が増えます。日直や移動教室の持ち物、宿題や翌日必要なものなど、書かれた情報を元に判断することの必要性は学年が上がるとともにどんどん増します。年長のうちから少しずつ

「見て確認する」という習慣を身につけておくと、就学後もスムーズです。文字がまだ読めないうちは絵カードやイラストを使いながらで大丈夫！　年長だと一日のスケジュールは見なくても習慣がついている子も多いかもしれません。しかし、あらためて可視化することが、時間割を見て動く練習になりますので、見通しに不安が強い子には特におすすめです。徐々に、**一日の予定↓一週間の予定↓一ヵ月の予定、と提示する範囲を広げて、「見ればわかる」ということが理解できる**ようサポートしていきましょう。

一日のスケジュールを
絵カードで確認してみよう

朝起きたら
まず着替えを
するよ
7:30
おきがえ
7:45
あさごはん
8:15
はみがき

予定の確認や
連絡帳を書く練習になるよ

①こくご→ひらがなプリント
②さんすう
③たいいく→きがえたら
こうていに
しゅうごう
④ずこう →くれよん
ねんど
4月
28日

就学準備のお悩み
09

入学前に購入編①

絵本を通して楽しい小学校生活をイメージ

小学校に対する期待と不安は誰もが抱くものですが、発達が気になる子の場合、初めてのもの、見通しが立たないことに対して不安が強いケースも多いです。**年長のうちに遊びや生活の中で少しずつ小学校生活のイメージがつくように**工夫してみましょう！

▼小学校生活をイメージできる絵本

おすすめなのは、小学校生活について描かれた絵本を本棚に用意して、お子さんと一緒に読んでみること。最近は、絵本だけでなく生活図鑑のようなものまで、いろいろな小学校生活についての書籍が発売されています（左のページで特におすすめの絵本をご紹介しています）。**お子さんが不安に思っていることを解消するだけでなく、来《き》る《た》小学校生活が楽しみに思えるものを絵本の中から見つけられるといいですね。**たくさん種類があるので、親子で一緒に本屋に足を運んでお子さんの気に入った本を選ぶのが良いと思います。お子さんが「小学校ってどんなところだろう？」と興味を持っているようなら、年中ぐらいの早めの時期から読んでみるのもいいかもしれません。ゆっくりと、小学校生活に向けて種まきをしていきましょう！

『いちねんせいのいちにち』
作：おか しゅうぞう／
絵：ふじた ひおこ／佼成出版社
登校から下校までの流れを知ることができる本。想像を膨らますのが好きな子に！

『１ねん１くみの１にち』
写真・文：川島敏生／アリス館
教室を俯瞰し、写真で一日を見られる本。図鑑などを見るのが好きな子に！

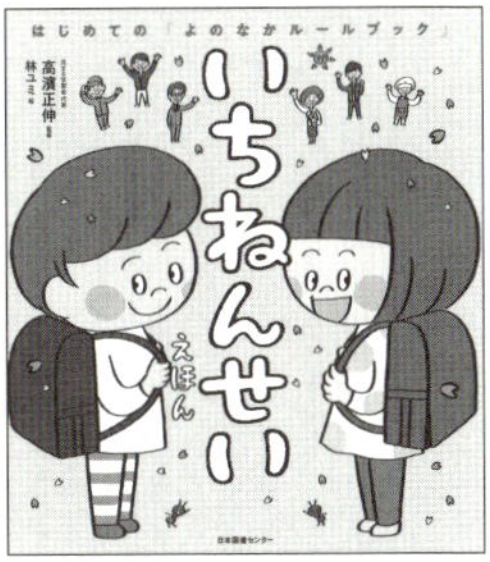

『いちねんせいえほん
はじめての
「よのなかルールブック」』
監修：高濱正伸／絵：林ユミ
／日本図書センター
友達のこと・安全についてなど、小学校入学前後に身につけたい習慣を紹介。

1年生になるのが楽しみになる絵本

『小学校の生活ずかん』
絵：はまのゆか／Gakken
小学校に入学してから卒業までをイラストと写真で紹介。各学年で何をするかわかる！

『給食室のいちにち』
文:大塚菜生／絵:イシヤマアズサ
／少年写真新聞社
給食ができあがるまでの流れや、関わる人たちについて丁寧な描写で描かれた本。

『一ねんせいに なったら』
詞：まど・みちお／
絵：かべやふよう／ポプラ社
みんなの大好きな童謡の１番から３番の歌詞に絵をつけた歌絵本です。

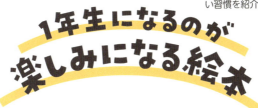

＼就学準備の／
お悩み
10

入学前に購入編②

年長から小学校用の筆記用具を使おう

一般的には入学説明会後に揃えることが多い学用品ですが、発達が気になる子にとっては見慣れたものが一つでも多い方が不安を軽減できます。就学相談等で指定のものなどを確認し、おうちでもあらかじめ学用品を一緒に使ってみましょう！

▼年長から学用品に慣れる

気軽に揃えられるのは筆記用具類。**我が家は、筆箱・鉛筆・赤鉛筆・消しゴム・定規・下敷きをあらかじめ購入し、年長のうちから少しずつ家で使う練習**をしました（自治体により、特別支援教育就学奨励費という形で入学用に買った物に補助が出ることがあるので、レシートなどは保管しておきましょう！）。とは言っても、大袈裟なことはしていません。家で鉛筆や消しゴムを使う時は筆箱から取り出すようにし、鉛筆削りを使えるようにするなど、**入学時にはできるものとして丁寧に教えてもらうことのないちょっとした動作をピックアップして、一緒にやってみた**という感じです。見たことがある、使ったことがある、というだけでも、その小さな自信が子どもたちの学校生活を支えてくれます。

▼一緒に名前シールを貼ろう

年長の1～2月頃には各学校で入学説明会が行われます。算数セットや学校で一括購入されるような学用品はこのタイミングで配られることが大半です。説明会が終わったら大量の名前付けが待っているわけですが、ここでも保護者が全部してしまうのではなく、**是非お子さんと一緒に計算カードや算数のおはじきなどに名前付けをしてみましょう。**少しでも触っておくことで見慣れて、手先を動かす練習にもなるので一石二鳥です。

筆箱はこれがおすすめ

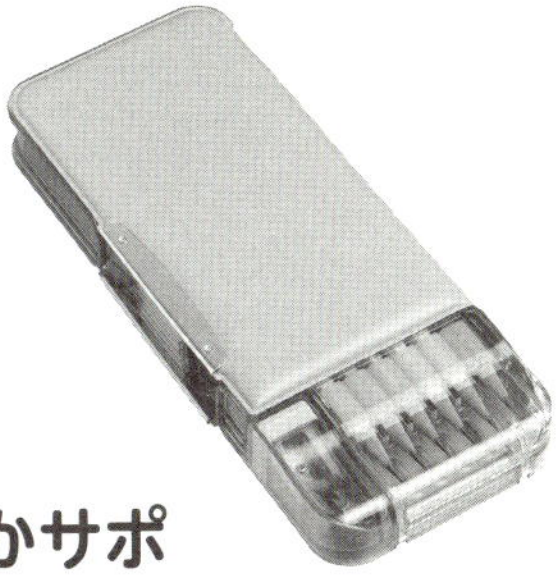

うかサポ
えんぴつチェック両面筆入

両面筆入タイプで大容量。鉛筆が削れているかひと目でわかる透明窓も便利。（ソニック）

名前付けを子どもにしてもらう

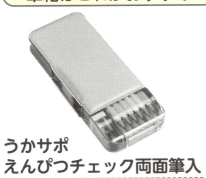

パパママ相談室

Q 好きなことを見つけるにはどうしたらいいの?

りっきー

A

「好きなことを伸ばしてあげて」はよく聞く言葉ですが、そもそも「好き」をどうやって見つけるのか、難しいですよね。我が家では、**なるべく実体験や実物に触れる経験を大切に**してきました。子どもの興味の移り変わりは激しく、注意の持続時間も短いもの。だからこそ、いろいろな種をまいてみるのがおすすめ。イベントや旅行に実際に行くのが難しくても、**本や図鑑、日常のできごとから興味のヒントが見つかる**ことも!

芽を出すことは目標ではない

何がきっかけになるかは人それぞれ。我が家の長男は全国の名湯を表現した入浴剤をきっかけに、3年生で47都道府県を漢字で書けるようになり、4年生から旅行で現地制覇の道がスタートしました(笑)。

記事はこちら

まとめ

興味の種まきは大事!大人がワクワク準備してると子どもも興味を持つことが多いです♪

第2章

学校生活のお悩み編

子どものつまずきの背景にある「感覚統合」の視点

実際に小学校生活が始まると、些細《ささい》なことも子どもにとっては初めてで、親もナーバスになりがち。私も最初は心配でした。でも、振り返って思うのは、「全部できるようになる必要はない」ということ。今はIT化が進み、便利なグッズもたくさんあるので、難しいことはツールに頼りつつ、本人の発達を支える。そして、親子ともに**「まぁいっか」という気持ち**を持てると少し楽になると思います。

▼必要な支援？ 必要以上の先回り？

大人から見て「困った子」と捉えられがちな子どもは、実は「困っている子」です。本人不在の支援にならないように、**「子ども目線で物事はどう見えているのか？」**という視点で見直しましょう。実際にサポートをしていて難しいのは、**必要な支援なのか、必要以上の先回りなのか**、ということです。これはプロの支援者でも線引きに迷う部分かもしれません。まずは子どもの様子を観察し、**「客観的事実」と「主観の入った感想」をしっかりと分ける視点**が大切です。その上で、一般的には「失敗から学べるのでサポートは必要ない」と思われることも、発達につまずきがある子が集団生活を送る際には「本人の心の安定のためにサポートが必要」となる場合がある、ということを心に留めておきたいです。

子どもの視点では

感覚統合上のつまずきがあると、座っていること自体が大変なことも

椅子に座って話を聞くということは、簡単なように思えますが、実は感覚統合上のさまざまな要素が積み上がってできるようになること。特に平衡感覚につまずきがある子どもにとって、授業中45分間座り続けるのは大変なことです。「困った子」ではなく「困っている子」。表面上に見えている姿だけではなく、背景にある「なぜ？」を知って関わる必要があります。

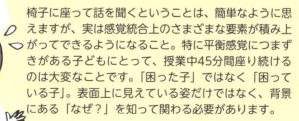

発達は積み上げ式のピラミッド

長男が4歳半の頃に「感覚統合」のことを知りました。その時、長男に起きていることを理解するのに足りなかったピースが、やっと埋まったような驚きがありました。実は、感覚にはよく知られた五感（視覚・聴覚・味覚・嗅覚・触覚）の他、触覚（触覚には2つの働きがあるので両方に入ります）・平衡感覚・固有感覚の3つの「基礎感覚」があります。

▼意識せずに使っている感覚が実は大事だった！

五感は自覚しやすい感覚ですが、**基礎感覚はほとんど無意識に使っている感覚**です。そして私たちは日常生活で、特に意識していなくても、同時に複数の感覚を使いながらさまざまな動作をこなしています。**発達は積み上げ式のピラミッドのようなもの。土台には「感覚」があり、頂点には「学習」があります**。子どもたちが問題なく学習に取り組めるのは、土台部分の感覚や姿勢などの発達がしっかり育まれ、上まで積み上がっているからです。誰でも得意や苦手があり、一部の要素に課題を抱えることは珍しくありませんが、つまずきが日常生活で困る程度になれば支援が必要です。特に、**触覚・平衡感覚・固有感覚の3つの基礎感覚につまずきがあると、一見学習に適応しているように見えてもピラミッドはグラグラの状態**で、情緒面・対人面でも課題やトラブルを抱えることがあります。

●感覚統合のピラミッドの図

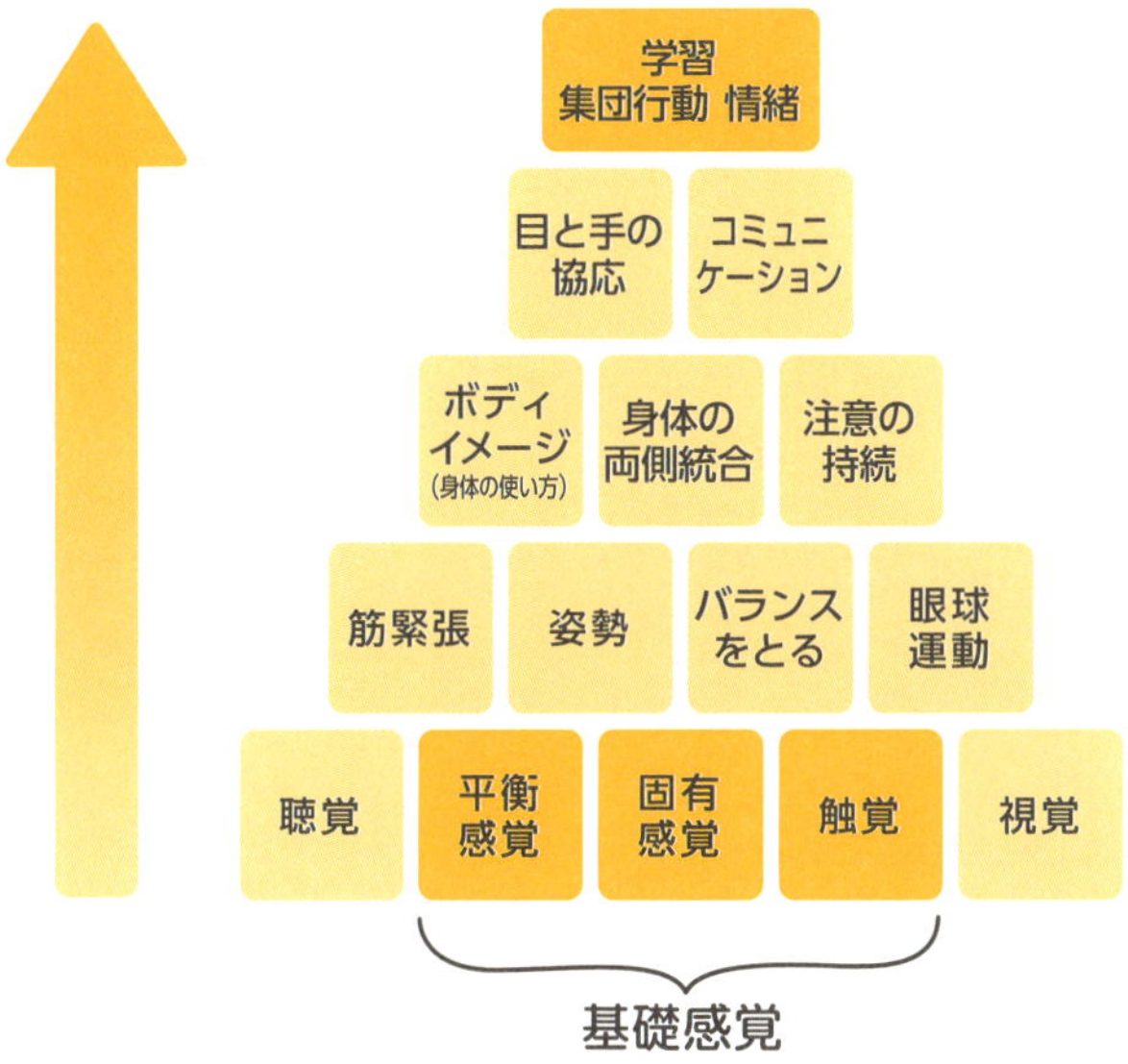

●五感と基礎感覚の図

※基礎感覚は作業療法士・木村順先生の造語

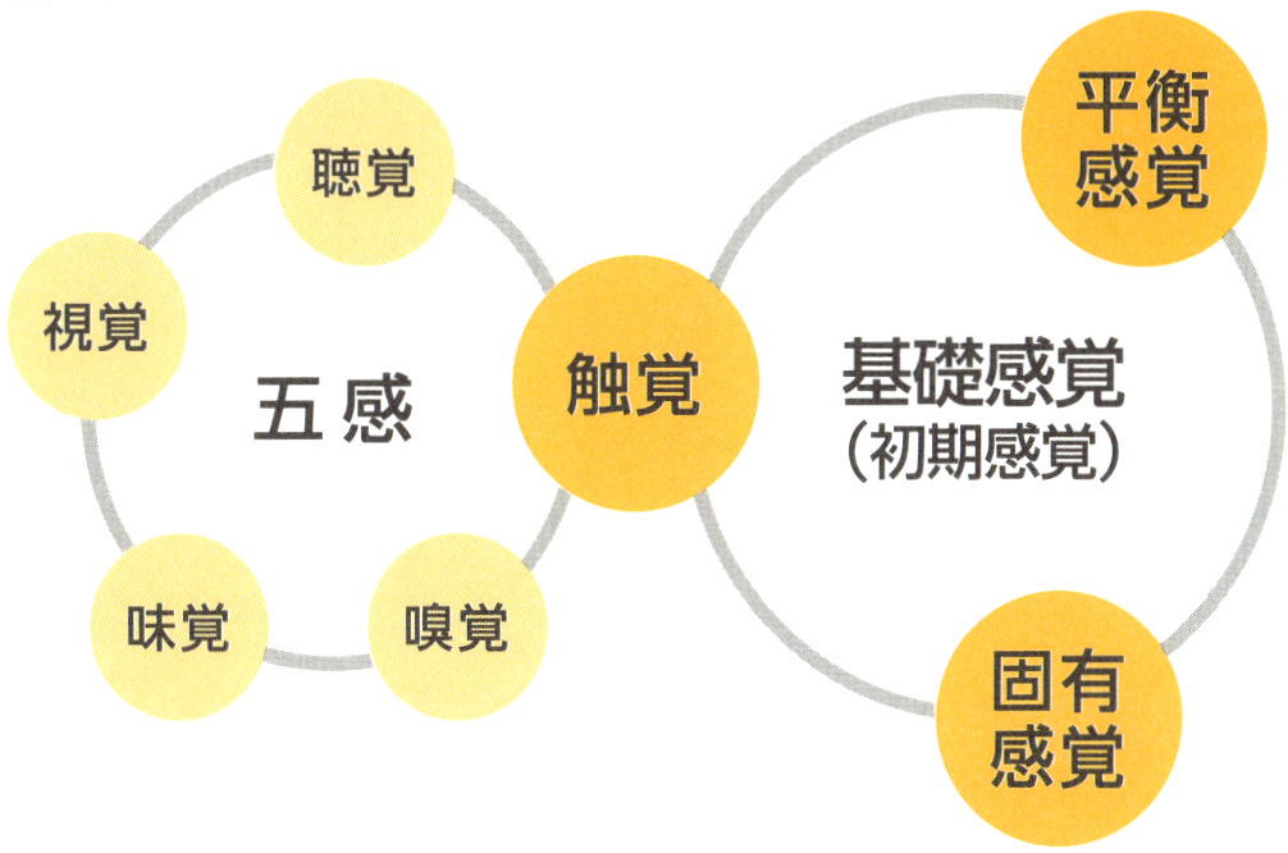

「感覚過敏」「感覚鈍麻《どんま》」ってどういうこと？

▼困りごとは土台のつまずきから生じる

我が家の長男は、まさにピラミッドの土台部分である基礎感覚に課題がありました。幼児期の**「お友達に急に触られると手が出る」「じっとしていられず、高いところから飛び降りる」「力加減ができず物を乱暴に扱ってしまう」**といった困りごとのほとんどは、この基礎感覚のつまずきからきていたと言っても過言ではありません。少し難しく思えるかもしれませんが、3つの基礎感覚を土台に、**「脳に流れ込む感覚情報を交通整理する働き」である感覚統合の考え方**を知識として頭に入れておくと、子どものことが理解しやすくなるはずです。一緒に学んで、子どもたちをサポートしていきましょう！

▼感覚のコップの大きさには個人差がある

感覚の問題が難しいのは、**本人の感じ方は本人にしかわからない**ところです。その偏りをわかりやすく図式化したのが、左にある「感覚を受けとめるコップ」のイラスト。**受け入れられる感覚情報の量には、そもそも個人差があります**。受け入れられる総量をコップにたとえるなら、真ん中のコップが平均的な大きさ。コップの中には、水（＝感覚情報）

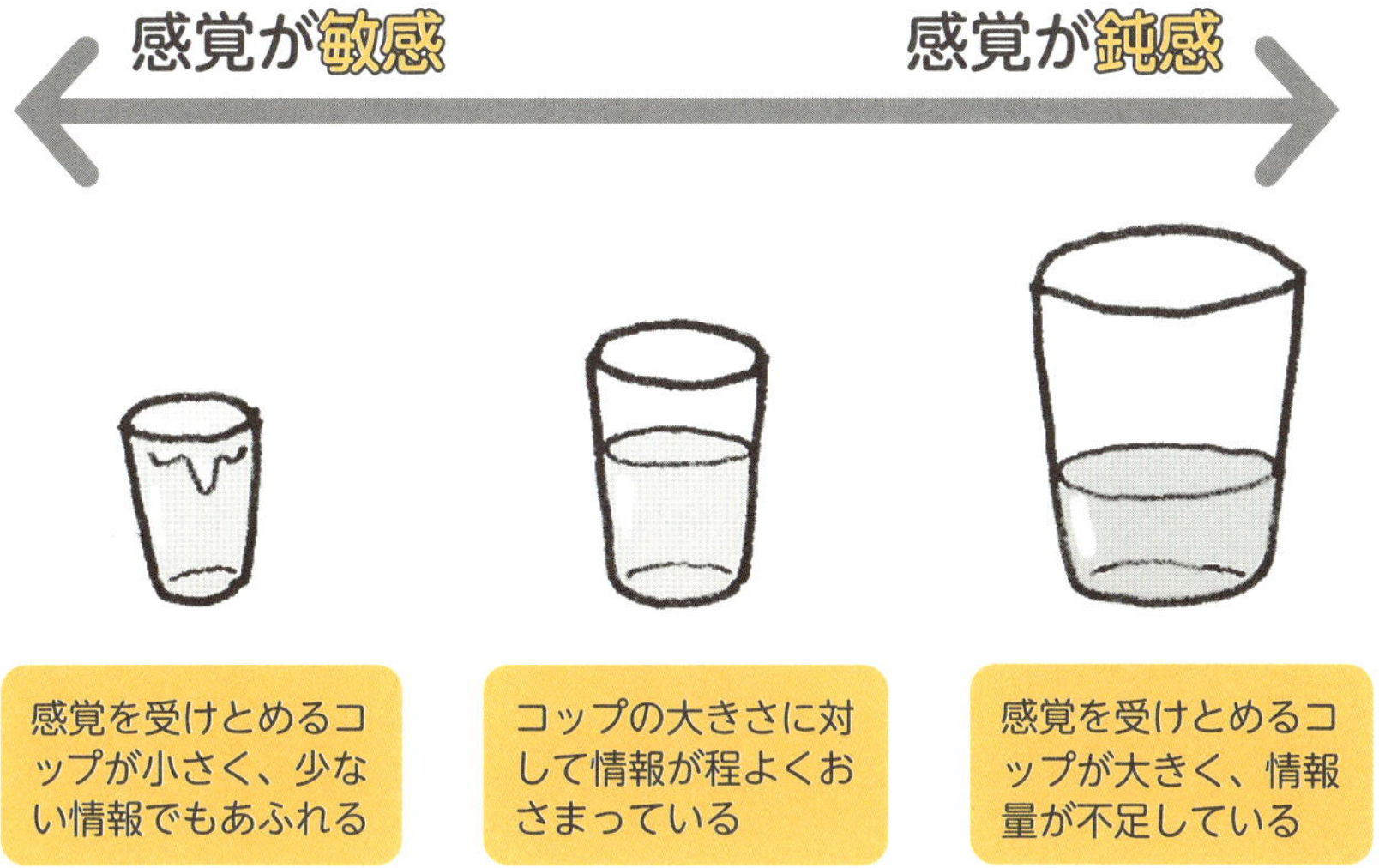
感覚が敏感
感覚が鈍感
感覚を受けとめるコップが小さく、少ない情報でもあふれる
コップの大きさに対して情報が程よくおさまっている
感覚を受けとめるコップが大きく、情報量が不足している

が程よく入っていて、適度に上手く受け入れられている状態です。このコップを持つ人は日常生活で困ることはあまりありません。次に、左側のコップを持つ人はどうでしょうか。同じ量の水が入ってくると、すぐにあふれてしまいます。このコップを持っている人は、**周りの人が何とも思わない感覚情報でも辛く感じる、いわゆる「感覚過敏」**の状態です。

そして、右側のコップを見てみると、真ん中より大きいですよね。このコップを持つ人は、同じ量の水では全く足りず情報不足、つまり**「感覚鈍麻」**の状態。**足りない感覚情報を補おうとして、自己刺激行動や周りから見ると乱暴に感じるような大きな動きをしてしまう**ことが考えられます。

3つの基礎感覚の役割とつまずき

感覚情報を受けとめるコップの大きさは、平均より小さすぎても大きすぎても日常生活に支障が出てしまい、本人の自覚がなくても「問題行動」として捉えられがち。我が家の長男の幼児期の困りごとは、コップの大きさの違いから起こることが多かったと感じています。それぞれの感覚器官の機能自体が正常でも、情報整理や注意の取捨選択がうまくいかないと、脳の中で交通整理ができず、交差点が混乱してしまうということです。

ここからは、3つの基礎感覚について、一つずつお話ししていきます。

▼触覚の2つの働きとつまずき

触覚は、全身の皮膚や粘膜がセンサーとなり、手で触ったり、身体に触れたりしたものを感じる感覚。触覚には左ページの図で示したように2つの働きがあります。一つは、触ったものが何であるか、どんな手触りなのかを認知する「識別系」の機能です。この働きは五感の方に含まれる一般的な触覚のこと。たとえば鞄の中に手を入れて、目で確認しなくても手探りでスマホを取り出せるのは識別系の触覚が働いているからです。もう一つは、手や身体に触れたものが自分にとって危険なものでないかを瞬間的に判断する「原始系」の機能。たとえば夜道で後ろから肩を叩かれたり、出会い頭に正体不明な何かが接近してきた時などは、身の危険を感じてパッと飛びのいたり逃げたりすると思いますが、これは原始系の触覚が働いているからです。本来なら識別系が働くことで原始系にブレーキがかかって感覚情報がうまく整理されるのですが、この**調整がうまくいかないと普段から原始系の反応が強く出てしまい、いわゆる「触覚過敏（触覚防衛反応とも言います）」の状態になります**。「誰かに触られるととっさに払いのける」「自分からは触れるけれど人から触られるのは拒否する」「のり・泥など特定の素材を嫌がる」「苦手な食感の食べ物を吐き出す」などの行動は、原始系の触覚の反応によるものです。

触覚の２つの働き

①識別系の機能

身体に触れたものが何か
どんな手触りかを感じる機能

例：見なくても鞄からスマホを取り出せる

②原始系の機能

触れたものが危険でないか
瞬間的に判断する機能

例：後ろから肩を叩かれてパッと飛びのく

触られるのが嫌い？　怪我を痛がらない？

▼識別系の触覚を育てよう！

愛着関係が育っていく乳幼児期に**防衛的な原始系の反応が強く出ていると、親や保育者とのスキンシップを拒否してしまったり、やり取りの中で育まれていくはずの共感性の土台が育ちにくくなったりする**ことがあります。また、原始系の反応が強いことで触れないものが多いと、本来なら楽しめる時期に砂遊びや粘土遊びをはじめとした感触遊びができなかったり、痛みや不快なものと感じやすい場合も。そして、触覚には鈍麻もあります。その場合、「怪我をしても痛がらない」「手に触れたものを無意識に口に入れてしまう」「よく噛まずに食べ物を丸飲みする」といった様子や「爪や鉛筆を過剰に噛む」などの自己刺激行動が出やすくなります。

子育てや支援をする中で、育てにくさを感じたり、コミュニケーションがうまくとれないと悩んだら、そこに**触覚のつまずきが隠れている可能性があることを、是非知ってもらえたらと思います。このつまずきを軽減していくには、少しずつでも意識的に触覚を使う経験を積み重ね、「識別系」の働きを高めていく**ことが大切です。その子の好きなもの、触ってみたいと思える魅力的なものであれば、目が向き、識別系が働きやすくなります。

Point

触覚が敏感だと

・爪や髪を切るのが苦手
・のりや泥など、特定のものに触れない
・着られない素材の服がある
・自分からは触りにいくのに、人に触られるのは嫌

触覚が鈍感だと

・爪や鉛筆を過剰に噛む
・手に触れたものを口に入れてしまう
・怪我などの痛みに鈍感
・食べ物をよく噛まずに飲み込む

※上記は一例です

▼平衡感覚の働きとつまずき

平衡感覚はバランスや姿勢調節のほか、自律神経や眼球運動にも関係する感覚。**耳の中の三半規管や耳石がセンサーになり、重力や加速度、回転や揺れなどを感知**します。感知した刺激は脳で処理され、**①自律神経、②姿勢調節、③眼球運動**の３つの回路に引き継がれます。まっすぐ歩いたり、低いところに頭をぶつけないようにくぐったり、動くものを目で追ったりできるのは、平衡感覚が働いているおかげ。そして実は、座っている時のような一見動きがない状態でも、姿勢を保持するのに平衡感覚が働いているのです。

平衡感覚のつまずきでパフォーマンスが発揮できない

では、平衡感覚につまずきがあると、どんなことが起こるのでしょう？　人間は揺れを感じると、①の自律神経系の回路と連動して発汗や血圧の調整などを行います。これがうまくいかない場合、**気分の調整ができず癇癪《かんしゃく》やパニックを起こしやすくなったり、集中状態のコントロールがきかず、ぼーっとしたり、逆に過度に興奮してしまったり**と、適度に頭を回転させてパフォーマンスを発揮することが困難に。その他にも、激しい運動をするとめまいを起こしたり、乗り物酔いしやすかったりする傾向があります。

また、授業中に座っている、平均台を渡る・ブランコを漕《こ》ぐといった運動をする時などには、②の姿勢調節の回路と連動して、**傾いた身体をまっすぐに立て直しバランスを保てるように**平衡感覚が働きます。これがうまくいかない場合、**授業中に離席してしまう、じっと待つことが難しいといった様子が見られたり、平均台をそろりそろりと歩けず走って渡ってしまったり**します（我が家の長男がまさにそうでした！）。長男はコップが大きい子で刺激をどんどん欲するタイプでしたが、反対にコップが小さい子の場合は、少しの揺れでも怖がったり、すべり台のような身体が傾く遊具が苦手だったりします。

▼人にぶつかる、板書が苦手な子は眼球運動が未発達かも

そして、平衡感覚は③の眼球運動の回路と密接に関係しています。人間の脳には**揺れを感じた時に眼球の向きを変えて、視界を補正し安定させる機能**が備わっています。走りながらカメラで撮った映像はブレてしまいますが、目で見ている景色がブレないのは、この補正機能のおかげです。

眼球運動の機能が未発達な場合……

- **ボールがキャッチできない**
- **距離感がつかめず人にぶつかる**
- **遠いところ（黒板）と近いところ（手元のノート）のピント調整がうまくできず板書が苦手**

といった困りごとが出てきがち。運動面だけでなく、学習でも必要な力なので、学習障害の子の中にも眼球運動の苦手さを抱える子は多くいると思われます。

▼揺れや回転を感じられる遊びで平衡感覚を育てる

平衡感覚を育てるためには、トランポリンやアスレチックをはじめとした揺れや回転を感じられる遊びが有効。大人がサポートして、トランポリンをしながら頭の上で風船にタッチするなど、平衡感覚を目一杯感じられる遊びにするのも楽しいです。ただし、揺れや慣れない姿勢を怖がる子には無理は禁物。寝転んだ姿勢でできるシーツブランコで小さな揺れを感じさせるといった、本人が楽しめる範囲を探って始めましょう。

Point

平衡感覚が敏感だと

- 乗り物酔いしやすい
- ブランコや吊り橋など不安定な遊具を怖がる
- 頭や身体が傾く姿勢を嫌がる
- 朝礼や行事など人が集まる場面では、警戒心が強まり不安になる

平衡感覚が鈍感だと

- 45分間座っていられず椅子をギシギシと揺らす
- 高いところから飛び降りるのが好き
- 板書やキャッチボール、カルタが苦手
- 人の目を見て話すのが難しい

※上記は一例です

▼固有感覚の働きとつまずき

固有感覚は筋肉や関節がセンサーとなり、**力加減や関節の曲がり具合などを感知する感覚**。３つの基礎感覚の中でも、一番実感しにくい感覚かもしれません。たとえば、目をつぶった状態で手の指でチョキを作ることができたり、お茶の入ったコップをこぼさずにテーブルに置けたりするのは、固有感覚が働き筋肉の張り具合や関節の曲がり具合をイメージすることができるからです。**一旦脳が情報を覚えると、今度はその動きを自然と再現できるようになり、人は新しい動作を獲得していきます**。この調節がうまくいかないと、力加減ができず動作が乱暴に見えてしまい、

- **お友達の肩をトントンしたつもりが、叩いたと言われてトラブルになる**
- **鉛筆の芯をすぐ折る**
- **消しゴムで消す時にノートを破いてしまう**

といった学校生活での困りごとが起こりやすくなります。また、「刺激を欲して身体のどこかを常に動かす」「落ちているものを蹴りながら歩く」などの自己刺激的な行動が見られることも。**固有感覚が鈍感だと、本人に悪気がないにもかかわらず、乱暴に見えてしまうため、周りから理解されにくいのが苦しいところ**。たとえ家族でも自分以外の感覚はわからないので、無自覚に使っている感覚について、まずは知識として理解することが大切です。

▼ボディイメージを育てよう

3つの基礎感覚が統合されていく過程で、「ボディイメージ」、すなわち**自分の身体に対する実感**も育っていきます。身体の輪郭やサイズ、相手との距離感がわかるのは、ボディイメージが形成されているから。一般的には6歳頃までに基本的なボディイメージが形成されますが、手先が不器用、ダンスなどの模倣や協調運動が苦手、というお子さんはボディイメージが未発達な場合があります。**「できない」ことで、学校生活でさまざまな困難を抱えると、やる気が低下したり自己肯定感が下がってしまう**こともあるでしょう。

Point

固有感覚が鈍感だと

- 力加減ができず「そっと」がわからない
- 鉛筆の芯をすぐ折る、消しゴムで消す時ノートを破く
- 給食の配膳がうまくできない
- そんなつもりはなくても、友達に叩いたと言われる

ボディイメージが未発達だと

- 友達との距離感がつかめず近づきすぎる
- 給食着や体操服への着替えに時間がかかる
- 縄跳びや跳び箱などの協調運動が苦手
- 運動会のダンスがうまく踊れない

※上記は一例です

●縄とびができない子は
感覚統合の土台につまずきが隠れている⁉

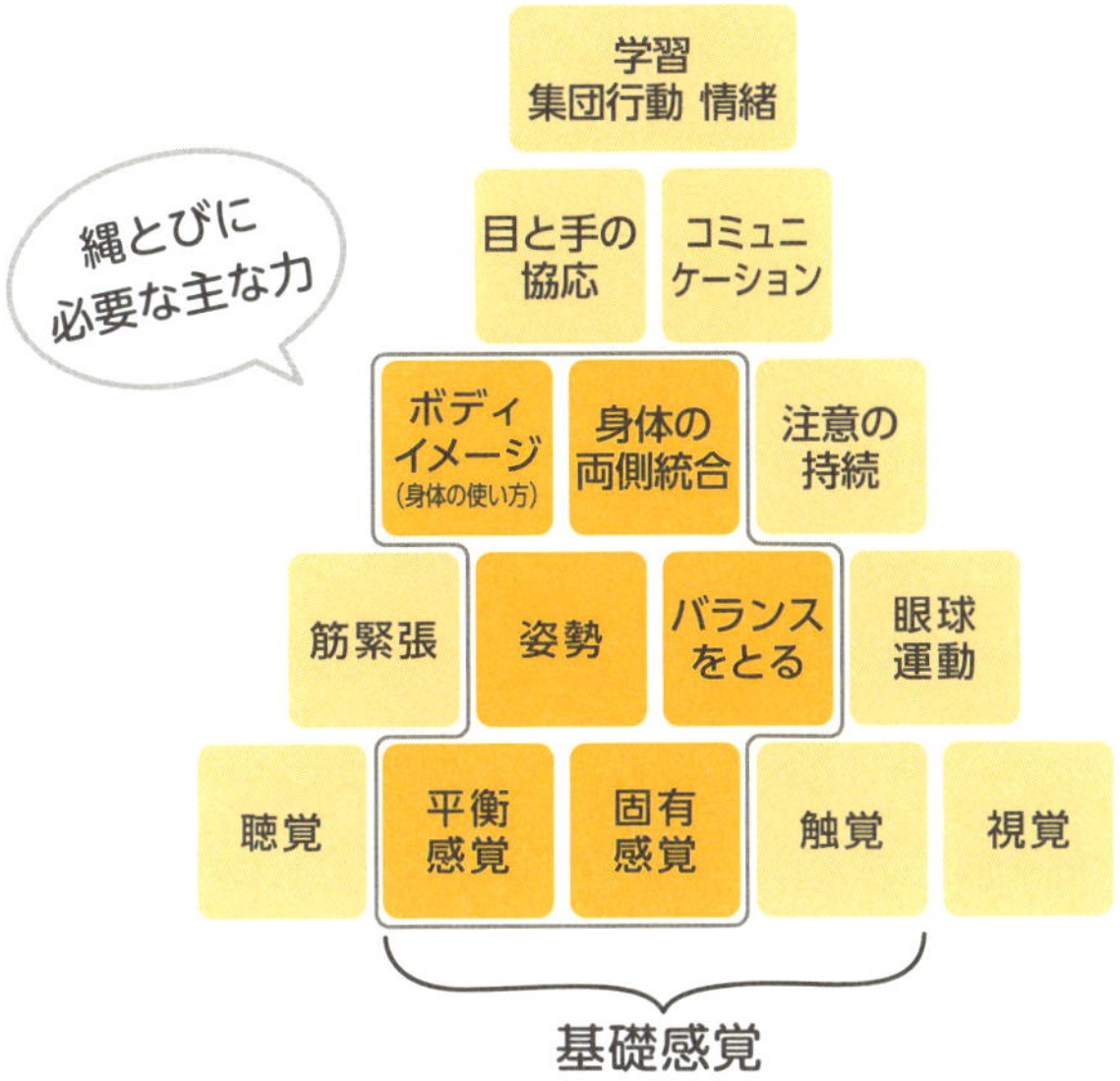

▼縄とびを反復練習させても、跳べるようにならない

たとえば子どもが縄とびを上手にできない時はどうしますか？　繰り返し縄とびをさせるなど、課題をクリアするためについ反復練習をさせがちではないでしょうか。しかしここで、とべない原因は何かを見極める必要があります。縄とびは協調運動です。ここまでの話から、感覚統合のピラミッドに照らし合わせてみましょう。**ボディイメージの未発達・身体の両側統合の未完成↓姿勢・バランスのとりづらさ↓平衡感覚・固有感覚のつまずき**といったように、原因を探るとピラミッドの土台部分に課題が隠れているケースも多いのです。つまずきがどこにあるか、よく観察することが大切です。

学校生活のお悩み01

集中を保つために自分で刺激を入れていた！

授業中に立ち歩く・気が散ってしまう

小学校に入ると始まる、45分×数コマの授業。我が子は45分間座れるの？　気が散って立ち歩いたりしないかな？　と心配になる方も多いでしょう。授業中座っていられない、気が散ってしまう子どもたちの背景には、「感覚統合上のつまずき」が隠れているかもしれません。

▼座っているだけで120％頑張っている子どもたち

椅子に座り続けて授業を聞くには、平衡感覚や固有感覚をはじめとした感覚面での発達が必要。しかし53ページで説明したように、感覚刺激を受け止めるコップの大きさには個人差があります。**座っていられない、気が散ってしまう子どもたちは、コップの大きさに対して入ってくる感覚情報の量が多すぎる、またはもっと欲しいのに不足している可能性**があります。掲示物や外の音、光、クラスメイトの動きなど少しの刺激が気になる場合もあれば、逆に刺激を欲して、「立ち歩く」「周りの子にちょっかいを出す」「椅子をギコギコ揺らして自己刺激を入れる」といった姿が見られることも。一見するとなぜ？と思ってしまいますが、実はそのような行動をとる子どもたちは、**じっと座ること自体に多大なエ**

ネルギーを必要とするので、授業の内容に注意を向け続けることが難しいのです。発達の順序性の観点から見ても、姿勢を保つのが難しいということは、感覚統合のピラミッドの上位にある注意の持続や、左右の手を使い分けてノートを押さえながら板書することが難しい、といった学習上の困難もあわせて見られることが多くなります。集中状態を保つことの難しさから、無意識に自己刺激を入れて、なんとかその場に留まろうとする姿も、大人から見ると困った子と捉えられがちです。

短期的視点でサポート

必要なサポートグッズを取り入れる

授業に集中できる環境へ

▼姿勢保持用のクッションなどを活用

教室の中での環境調整には、椅子・掲示物・座る位置の工夫などが挙げられます。椅子が身長に合う高さかを確認することとあわせ、我が家では姿勢保持用のクッションを、許可を得て入学当初から教室に持ち込んでいます（ピントキッズ・178ページで紹介）。**姿勢を保つのが苦手な子にとっては、硬い座面よりも体幹を支えてくれるクッションの方が座りやすく**なります。また、平衡感覚や固有感覚の鈍麻から刺激を欲している子には、足元に刺激を与えるグッズがおすすめ。椅子の脚にゴムバンド（センサリーツール ふみおくん・180ページで紹介）を取り付け、足で踏んで使います。常に刺激を感じることが、かえって安定して座ることにつながることもあるのです。

スパンコールの服を触ると落ち着く

ソワソワした時触ると、感覚刺激が入り、じっとすることの苦痛が和らぎ、気持ちが落ち着きます。

教室では目に入る刺激を減らす工夫を

目に入りやすい場所に掲示物が多いと集中できません。教室の前方はすっきりさせるのが理想的。

長期的視点で改善

勉強で集中力をUPするために
休み時間は動いて感覚を満たす

▼授業の合間も動けるよう担任と相談を

授業前に動く時間を取り入れることで、足りない感覚を満たすのもおすすめ。のぼり棒や鉄棒など、姿勢の傾きがある遊びで主に平衡感覚に、縄とびやドッジボールで主に固有感覚に刺激が加わります。我が家の長男は、家で宿題をする前に少しの時間トランポリンやバルンポリン®をすると「宿題に集中できる」そうです。その他、授業中にずっと座っていなくて済むように、**机を移動させてのグループワーク、教材の配付、黒板消し係を担当させてもらうなど、動ける工夫ができそうか担任の先生に相談**してもいいかもしれません。授業の合間に身体を動かすことで適度に感覚刺激が加わり、座ることに苦痛を感じにくくなります。

バルンポリン®で平衡感覚と固有感覚に感覚情報を届けよう

ピーナッツ型バランスボールとトランポリンを組み合わせた運動「バルンポリン®」。揺れ刺激で平衡感覚に働きかけ、足裏からは固有感覚への刺激が入ることで、体幹の安定につながります。

※バルンポリン®は臨床発達心理士であり、宇佐川研代表の植竹安彦氏による登録商標です。安全性に考慮し、必ず大人が付き添い行ってください。

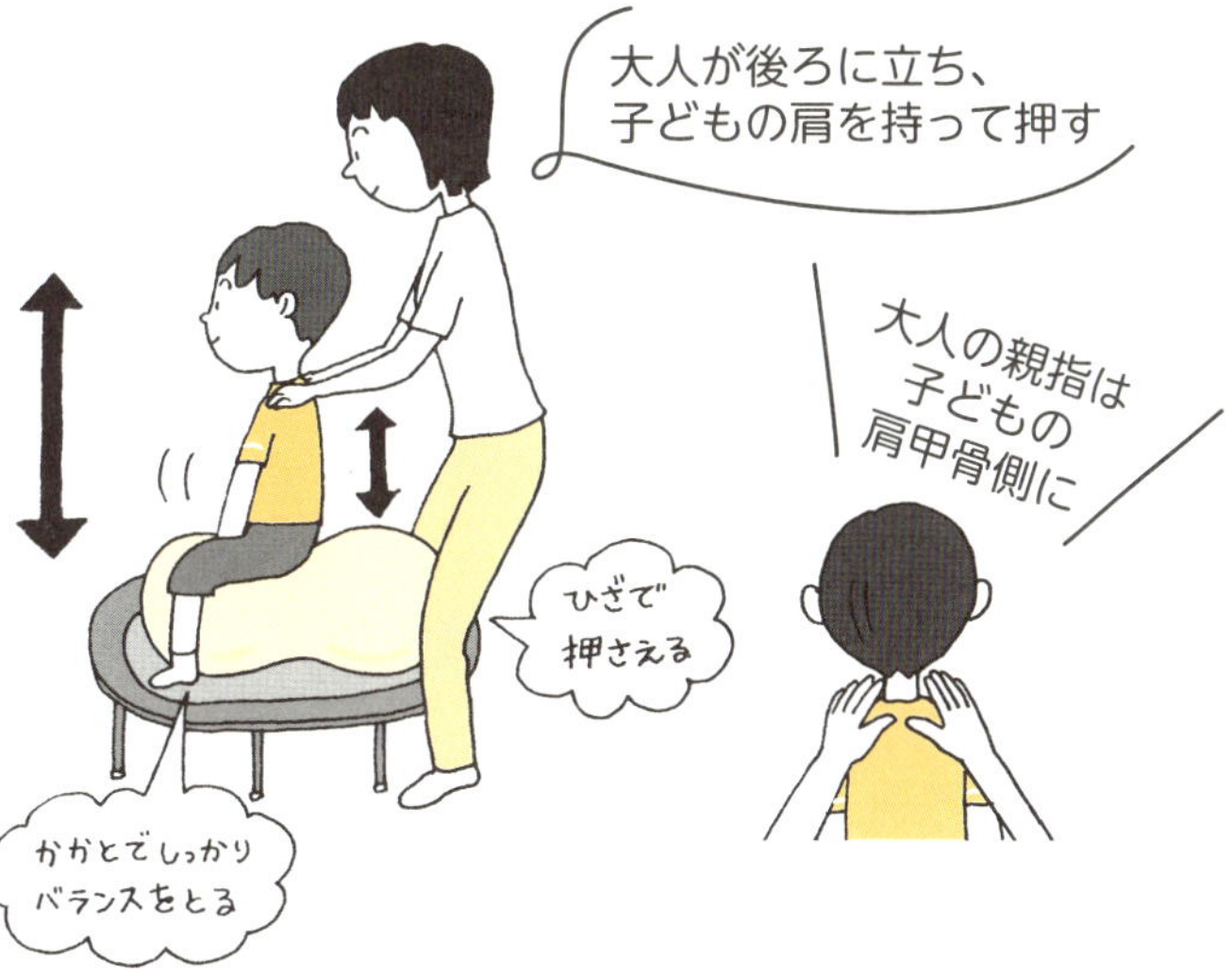
大人が後ろに立ち、子どもの肩を持って押す
大人の親指は子どもの肩甲骨側に
ひざで押さえる
かかとでしっかりバランスをとる

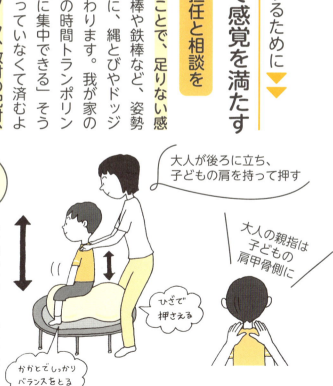

学校生活のお悩み
02

忘れ物が多い

気をつけようね！　ではできないから困っている

ある程度保護者が持ち物を確認できていた保育園・幼稚園時代と違い、小学生になると、持ち物も毎日変わり、多岐にわたります。その分、**「学校から持ち帰るものを忘れる」「もらったプリントを出し忘れる」など、悩みごとも増えがち**。また、学年が上がると移動教室も増え、科目ごとに必要なものが違うため、さらにハードルが上がります。

▼忘れてしまう理由は子ども一人ひとり違う

原因は一つとは限りませんが、次のような課題が考えられます。

- **記憶や書字の課題↓口頭での指示を覚えていられない、連絡帳に書き写せていない**
- **注意力の課題↓覚えていても、準備をする時に目に入った別のものに気を取られ、興味の対象が新しいものに移った結果、忘れてしまう**

最終的には、失敗の経験などから自分で忘れないように対策ができるようになることをゴールに据えて、**最初は子ども一人で準備させるのではなく、一緒に確認しながらその子に合った方法を模索していくようにしましょう。**

子どもの視点では

注意を向け続けるのは簡単なことではない

いろいろなことに興味が移る子は、刺激が多い環境だと一つのことに注意を持続させるのが難しくなります。本人は集中しようと頑張っても、できなくて困っているはず。忘れ物対策と合わせて、準備をするスペースが気の散りやすい環境になっていないかどうか、環境調整の視点を持つことも大切です。

チェック表を子どもの動線上に置こう

▼市販のおしたくチェックボードも活用して

衝動的な行動をしがちだったり不注意の傾向を持っていたりする場合、タスクが増えると優先順位をつけるのが難しくなります。何をすればいいか一目でわかるように、視覚的な工夫をしてみましょう。最近はおしたくチェック用のボードやキーホルダーなどが市販されているので、子どもに合いそうであれば活用するのも一つの手です。そして、何を使うかも大切ですが、忘れそうなシチュエーションで気づけるように、ルーティンの動線上にあるかどうかがもっと重要。いいアイテムでも目に入らなければ意味がありません。たとえば、我が家では次のような工夫をしてきました。

- 学校への持ち物を忘れる→玄関のドアにチェックボードを貼る
- 学校から持ち帰るのを忘れる→ランドセルを開いたところに持ち帰るもののリストを貼る
- 移動教室の時に教材を忘れる→袋やケースに教材や道具をひとまとめにしておく
- ノートを使い終わる前に言い忘れる→ノートが終わる3ページ前に付箋を貼り「このページになったらお母さんに言おうね」と書いておく

我が家では長男が低学年の頃はノートが終わる前に申告するのが難しく、結果的にノー

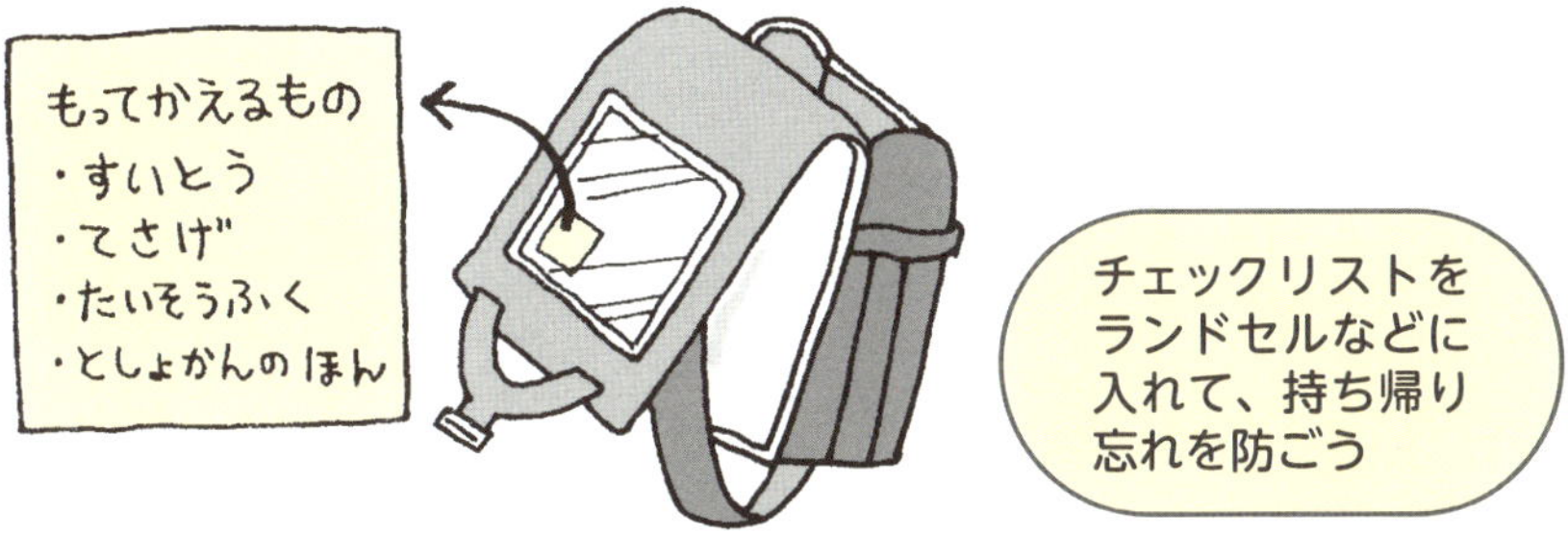

ト忘れになることがよくありましたが、ノートに付箋を貼ると事前に気づいて教えてくれるようになりました。苦手なことに合わせて工夫してみてください。

▼最終ゴールは「自己支援」と「忘れた時の対処」

最終的には本人が、どんな時に忘れやすいかを理解し、自己支援できるようになるのがゴール。失敗したとしても**忘れた際の対処（誰かに借りる、代替品で乗り切る、どこかで買う）が大人になった時にできたらいいな**、くらいの長い目で見てサポートしましょう。

\学校生活の/
お悩み
03

整理整頓ができない

物の場所を決めて、分類の仕方を統一するのがカギ

忘れ物と並んでよく聞くお悩みが「整理整頓の苦手さ」です。我が家の小2次男も、参観で学校に行って机の中を見ると、びっくりするぐらいグチャグチャ（笑）。片付けが苦手な子は、**空間認識力が弱い、片付ける時には視線が次の興味に向いている**などの理由で、ひとまず机に物を突っ込んでいることも多いです。結果、先生の指示で必要なものを出そうとした時には、どこにあるか見つからない、そして遅れる、という負の連鎖に……。

▼子どもに合った「構造化」をする

「片付けのやり方がわからない」「注意散漫」「優先順位をつけることが苦手」など、原因は複数考えられます。本人が物の管理をしやすくなるように、ひと目でわかる片付け方を一緒に考え、サポートしていきましょう！「今何をすべきか」をわかりやすくするには、発達支援の視点での環境調整や視覚的支援をはじめとする、「構造化」の考え方がヒントになります（関連書籍も出ているので、巻末を参照してみてください）。ここからは、**物の場所を決める、分類の仕方を統一する**、という視点で対応法を紹介していきますね。

子どもの視点では

一人で片付けができない時は
まずは大人が具体的に示そう

整理の仕方がわからなくて、使い終わったプリントや鼻をかんだティッシュなど、とりあえず机に入れてしまえば見えなくなるからと、次々突っ込んでしまう子の場合には、注意をするだけでは改善は難しいです。○○はここ、△△はここ、と視覚的に見やすい形で具体的なサポートをしましょう！

色や写真で直感的に片付けられる工夫を

▼写真を見て定位置にしまう

我が家の長男は今でこそ割と片付けができますが、幼児期は**他のことに気を取られたり、固有感覚鈍麻で力加減も難しかったり**と、なかなかうまくいきませんでした。その時にした工夫が、**おもちゃ棚に片付いた状態の写真を貼り、そこにぴったり合わせて置くやり方**でした。おうちモンテをやっていたこともあり、環境設定は色々と工夫をしましたが、長男にはこれが一番ハマり、秩序感も相まって少しずつ片付けができるようになっていきました。たとえば**学校のお道具箱の整理整頓なら、整理された状態の写真を撮り、箱の中に貼るのがおすすめ**。足型があるとついそこに並んでしまうように、人は型があると合わせたくなるもの。その習性をうまく利用して、整理整頓にも活かしましょう！

▼教科別にファスナーケースで管理

小学校に入ると、教科ごとに教科書やノート、ドリルなどの持ち物があり、整理整頓は複雑になります。教科数が増える高学年はなおさら。バラバラにならないように、**教科ごとにファスナーケースに入れて管理**するのが有効です。出し入れしやすいものを100円ショップなどでお子さんと一緒に実際に触ってみて決めましょう。**自分で決めるというのも成功につながる秘訣の一つ**。また、片付けの際のもうひと工夫として、算数は青、国語は赤、のように**教科ごとに色を決めて教材にシールを貼っておく**と迷わずに片付けられます。ある程度整理整頓が習慣付き、自分で工夫できるようになるまでは、余分なことを考えなくて済むように、**「写真を見て合わせるだけ」「色を見て集めるだけ」**といった、**直感的に片付けられる工夫**があると良いと思います。

整理整頓された状態のお道具箱の
原寸大の写真を貼ろう

ファスナーケースを用意して、
教科別の色シールを貼ろう

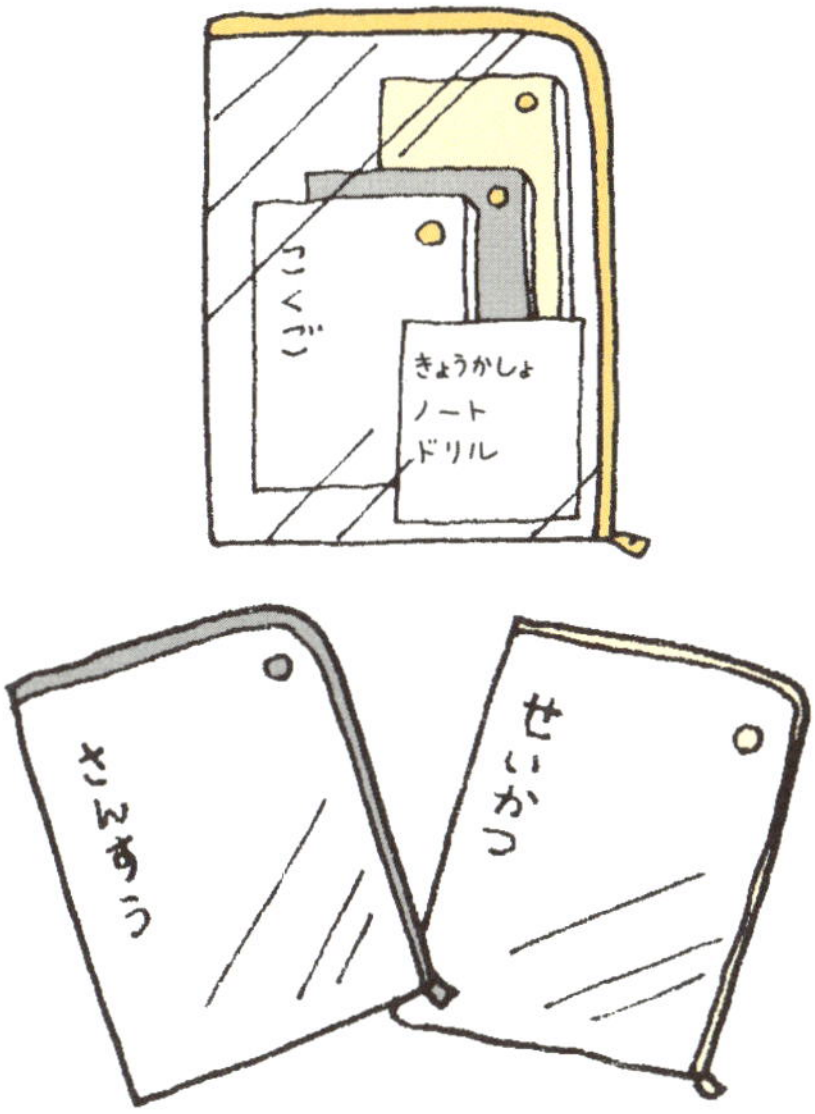

\学校生活の/
お悩み
04

〝いつもと同じ〟であることが安心

急な予定変更に対応できない

強いこだわりや日々のルーティンがある子にとって、急な予定変更は苦痛なもの。我が家の長男もその傾向が強く、保育園では通常通りの一日は落ち着いて過ごせても、ちょっと変更があるとよく癇癪を起こしていました。**全般的に変化に弱く、いつも同じ行動を好み、服装や手順、場所について細かい自分ルール**がありました。

いつもと同じ行動に安心感を得る〝秩序の敏感期〟

このような様子は**「同一性保持」**と言われますが、モンテッソーリ教育の視点では「秩序の敏感期」という見方もできます。**「秩序の敏感期」とは、物が置いてある場所や物事の順番などにこだわりを示すある一定の時期**のこと。長男のこだわりに苦しんでいた当時、私は敏感期の考え方に随分救われました。「いつもと同じ」は子どもに強い安心感を与えます。5歳頃まで秩序感の強さ（＝同一性保持）が続いた長男でしたが、強い感覚過敏が落ち着いた頃から、視覚的支援も功を奏して、少しずつ変化にも適応できるようになり、見通しを持って過ごせるようになりました。

子どもの視点では

昨日も
同じ服を
着てたのに……
この服
じゃないと嫌！

買い物に
寄りたいのに……
違う道で
帰らないで！

同じ服を着たがる

いつも同じ道を通りたがる

長く続くこだわりの理由を ひも解いてみると……

一般的に２～３歳頃に強く出ると言われる秩序感は、生まれてから外の社会に出ていく過程で、人間社会のルールに適応するために表れるものと考えられています。しかし、触覚過敏（触覚防衛反応）があると、世の中は怖いものだらけで、安心できるもの・人・場所が少ないことが多く、特定の物事へのこだわりにつながりやすくなります。結果的に、秩序感が人一倍強く、長く表れる傾向があります。

予定の変更は見える形で早めに簡潔に伝えよう

▼ラミネートした時間割表に授業の変更を書き入れる

ルーティンを崩せない子にとって予期せぬ変更は辛いこと。でも具体的にどんな場面で困りそうかは、入学前には想像がつきにくいかもしれませんね。小学校でよくあるのは、**先生の都合で1時間目と3時間目が入れ替わったり、天候により体育の場所が変わる、プールの授業が中止になる**といったケース。**変更がわかったらなるべく早めに、簡潔に、視覚的情報を伴って伝えます**。その際に理由も視覚的に示すことができると、不安を軽減できます。先生にあらかじめ変更に対する不安があることを伝えておくことで、口頭での伝達だけでなく、黒板に書いたり、支援ツールを使用して示してもらいやすくなりますよ。

▼徐々に長期のカレンダーにして、見通しを持たせる

我が家では長男が3歳の頃から視覚支援を開始しました。定型フォーマットが生活に取り入れやすいと考え、**株式会社おめめどうの「巻物カレンダー」や「みとおしメモ」**等の支援ツールを使用しています。はじめは面倒に思えるかもしれませんが、こだわりの強い子が安定した生活を送るためには、**聞いて理解するだけではなく、「見てわかる」ことが**

とても重要。長男も一日のスケジュールボードからスタートし、徐々に一週間・一ヵ月単位のカレンダーを導入しました。小6現在は一ヵ月のカレンダーのみ使用中ですが、月末には「お母さん、来月の予定を書いて」と言うので、やはりあると安心するようです。また、大人は困りごとに視覚支援を使いがちですが、嫌なことだけに視覚支援があるのは子どもにとって気持ちの良いことではありません。**まずは楽しみな予定で取り組み、「見ると良いことがある」と感じさせてから、予定変更などに視覚支援を取り入れましょう！**

授業変更の場合、先生にラミネートした時間割にホワイトボード用のペンで入れ替えの印を入れてもらう

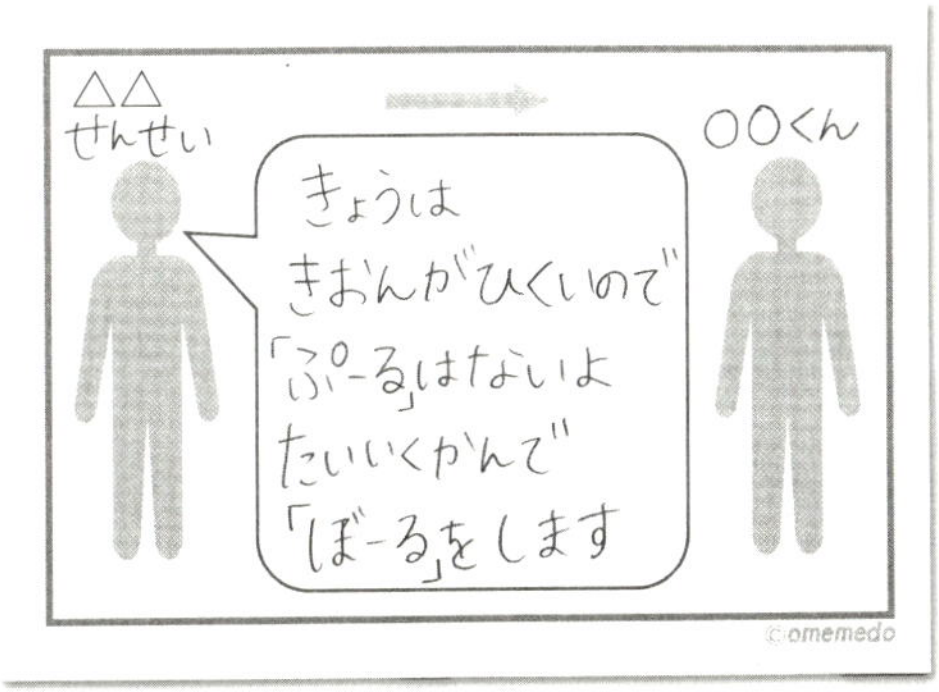

口頭のみだと納得しづらい子には、先生の名前入りのメモで変更を伝える

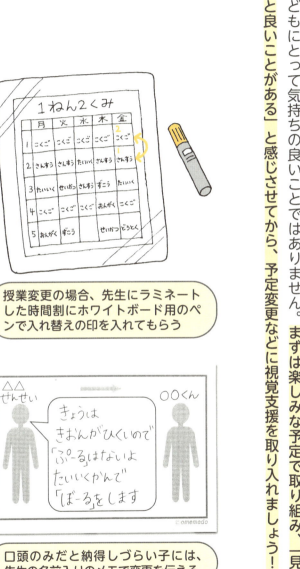

＼学校生活の／
お悩み
05

大きな音が苦手！ 次に何をするの!?

行事でパニック・参加したがらない

普段のある程度決まった生活では大丈夫でも、行事などイレギュラーなできごとがある日は、行き渋りやパニックで困っているというご家庭も多いかもしれません。我が家の長男は2歳児クラスの頃から運動会や生活発表会の他、保育園のホールで行われる「子どもの日の集い」などの毎月の季節行事の日は落ち着かず、パニックを起こしていました。

▼小学校は大人数で集まることが多い

小学校でも始業式・終業式などの式典、体育館での集会などがよくあり、多くは**未就学児の頃と違ってマイクを使用します。そのため、聴覚過敏があるお子さんは辛い**と感じることも多いでしょう。近年コロナ禍を経て、行事は縮小・少人数での実施に変わってきていますが、運動会や音楽会などは観客も入れるとどうしても大勢になりがち。このような、人がたくさん集まる場所が苦手なお子さんの背景には、**ざわざわしたところが耐えられない聴覚過敏の他、周りの人との距離が近くなることによる触覚過敏などが考えられます。**

▼行事は苦手なことのオンパレード

さらに、行事の日は時間割で決まった平常時の生活と違い、「次に何があるのかわからない」「いつ終わるのかがわからない」という状況で、**周りのみんなと集団行動をしなければならず、普段の生活よりも見通しを立てることが難しくなります。**特に感覚的なつまずきがある子どもにとっては、**不意に人との距離が近くなる、誰かに合わせて臨機応変に対応することを求められるなど、苦手なことのオンパレード**になることも多く、行き渋りやパニックにつながりがちです。

短期的視点でサポート

原因を取りのぞく物理的サポート

聴覚過敏はイヤマフで対応

パニックで一番困っているのは子ども自身だということを大人がまず理解して、対応法を考えましょう。たとえば、ざわざわしている場所では、**防音イヤマフなどのサポートツールを活用して、辛い音を物理的に調整する**のも一つの手です。

▼過ごす場所の選択肢を提示するのも手

パニックが頻繁に起こる場合は、そもそもその場面において、**その場所で過ごす必要が本当にあるのか、本人の目線で再検討**することも必要なサポート。これから起こることを本人に予告することと合わせて、**過ごす場所・過ごし方について、視覚支援としてメモなどを活用して選択肢を提示すること**ができると、自己決定しながら少しずつ頑張りやすいと思います。

防音イヤマフで物理的に音を軽減

我が家の長男もチャイムと雷の音が苦手で、就学前〜２年生は防音イヤマフを着用しました。

選択肢を提示し本人に選んでもらう

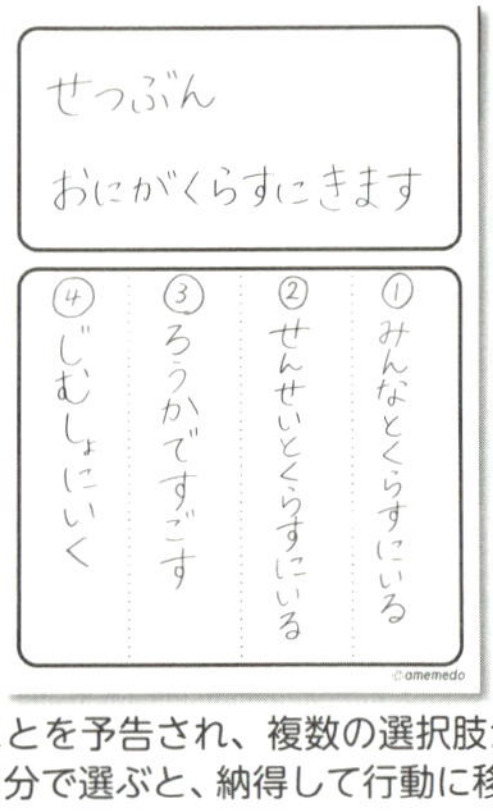

起こることを予告され、複数の選択肢から過ごし方を自分で選ぶと、納得して行動に移せます。

長期的視点で改善

一年間の行事予定と内容を共有

見通しは年単位で育てていく

メモと共に一通り経験すると落ち着ける

見通しは短期間で育つものではありません。長期的に見て、**時間感覚や一年の季節の流れをある程度理解することも大切**です。我が家の長男のパニックのピークは年少の頃でした。翌年は意を決し、全ての行事で視覚支援のメモを使って、行事の内容や由来についてあらかじめ説明をするように。自作の四コマイラストをコピーしてポケットに入れて持たせ、支援の先生には、落ち着かない時にはメモを一緒に見てもらうようお願いしました。**一年間の行事を一通りメモと共に経験したことで、年長になったころには長男は驚くほど落ち着き**、「（内容を）覚えているから大丈夫！」と泣かずに行事に参加できるほどまでパニックが改善しました。

行事は四コマのメモにして視覚支援で予告する

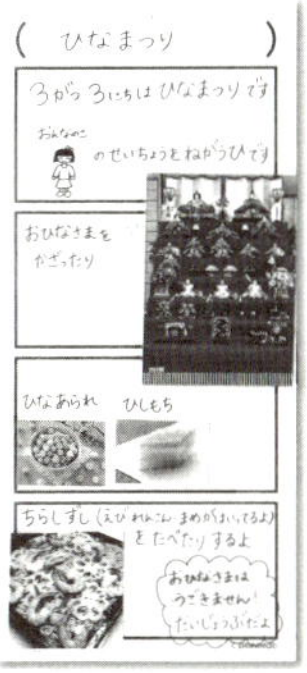

作ったメモを行事で持たせ、不安になったら確認できる環境にして、徐々に落ち着いて参加できるように。

ホワイトボードに季節ごとの写真を貼る

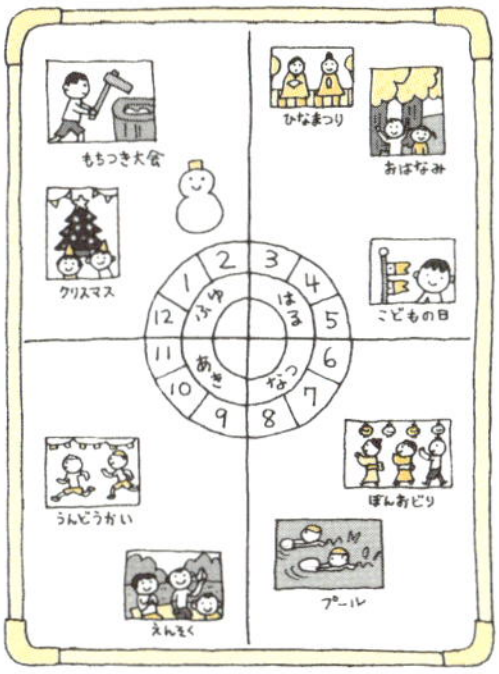

絵カードや自分たちの写真を季節ごとの枠に貼り、一年の流れをわかりやすく視覚的に教える。

学校生活のお悩み

06

友達とのトラブルが起きやすい原因は

順番やルールが守れない

小学校では未就学の頃よりもルールが多く、決まりも複雑に。また、大人の目の届かないところで子どもの世界が広がるため、友達トラブルが起こりがちです。たとえば、「衝動のまま行動してしまう」「待つことが苦手」「友達との距離感がうまくつかめない」「自分ルールが多くこだわりが強い」といったお子さんは、次のような様子が見られることも。

- **生活上の細かくて複雑なルールが理解できない**
- **ルールはわかっていても衝動的に行動してしまう**
- **決められたルールを無視して、自分の思う通りに行動してしまう**

▼集団の中で遊ぶには、ルールを守る必要がある

我が家の長男は自分のこだわりを崩したくない気持ちが強い特性が。たとえばカルタのルール自体は理解していても、「あ」の札をどうしても取りたくて、取れないと癇癪を起こしてしまうといったことがありました。本人にとっては「これは僕のもの」でも、集団の中で遊ぶ際には決められたルールを守らないと遊びが成り立ちません。本人の行動の背景にある原因を知った上で、対応していく必要があります。

子どもの視点では

衝動性が強いと こんなトラブルが！

一度食べたいと思ったらもう給食しか目に入らず、並んでいる列には目もくれずに配膳のところへ一直線！その結果、並んでいたクラスメイトからは「順番を抜かされた」というクレームが先生に入ります。ところが本人は、友達が並んでいたことにすら気づいていない、ということも……。注意散漫な一面と、一度ロックオンしたらそれしか見えない、という特性から集団生活では友達とのトラブルが起こりやすくなります。

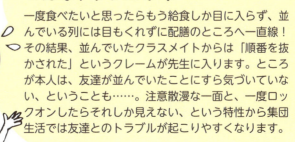

ルールが守れたときは、〝すぐ〟〝具体的に〟褒めよう

▼できた時の声がけが大切

順番やルールが守れないと、親としてはその場でできないことを叱る声がけが増えがちです。もちろん、**誰かを傷つけたり社会的に迷惑をかける行動はその場でしっかり言い聞かせることも必要**ですが、一方で**「できた時」の声がけもそれ以上に大切**です。帰ってからなど時間が経ってしまうと、子どもはなんのことかわからなくなってしまうので、タイミングも重要。できればその場で「順番を守ってすべり台で遊べたね！」など、**本人に伝わる具体的な言い方でできたことを認める声がけ**をしましょう。全てでなく一部だけできたことでも、言葉にして伝えることで、少しずつ「こうしたらいいんだな」ということが理解できるようになっていきます。

▼平常時に「OKな行動」を視覚的に示しておこう

何か困ったことが起きた時についつい子どもを諭してしまいがちですが、**トラブルが何も起きていない平常時こそ「良い行動」「悪い行動」の伝え時**。順番やルールを守るとどんな良いことがあるのか（遊具で遊べる、友達と喧嘩にならず仲良くできるなど）を簡潔に

ルールが守れたら
その場で褒めよう

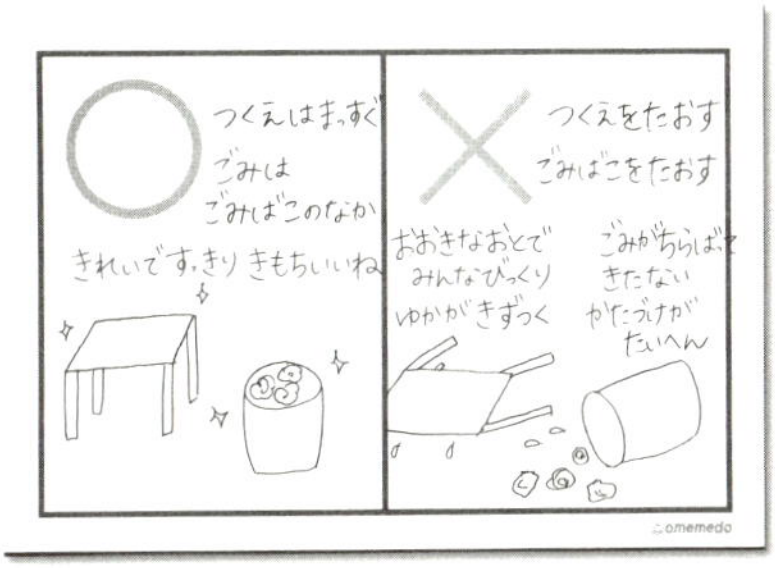

○×の行動を書いたメモを見せながら話そう

イラストや文字で視覚的に示すことで、子どもの印象に残りやすくなります。この時、NG行動例だけだと、ネガティブなイメージだけが伝わってしまうので、**NG例を見せるなら必ずOKの例もセットに**。なるべくOKの例がしっかり伝わるような見せ方をすることが大切です。これは声がけの際の言葉選びも同じで、やってほしい行動の方を伝えると良いでしょう。

×**「廊下は走らないで！」**

◎**「廊下は歩こうね」**←

×**「飛び降りない！」**

◎**「手をついておりようね」**←

そして、OKの行動ができた時にはしっかり「できたね！」「今のバッチリ！」と認める声がけをしましょう！

学校生活のお悩み07

自分の気持ちを自覚するのが苦手

気持ちが伝えられない

特性を持つ子どもたちの中には、思ったことや感じたことを相手に伝えることが難しい子たちもいます。理由は次のように多岐にわたります。

- **映像や単語は頭に浮かんでいても、うまく文章に組み立てられない**
- **語彙が少なくてどう表現していいのかわからない**
- **考えたことを記憶しておくのが苦手**

また、不安が強く気持ちを人前で表現することが難しい子の中には、**「場面緘黙《かんもく》」のように、家ではおしゃべりができても学校では話せない**、といった症状が見られることも。

▼相手の表情を読み取るのが苦手

相手の表情やボディランゲージなどから、気持ちや間合いを推測し、会話のキャッチボールは進んでいくものです。しかし、会話の中での自然な読み取りや推測が苦手な場合、**相手だけではなく、実は自分自身の気持ちを自覚して表現することも苦手**ということが多いです。言葉と表情がうまく結び付かず、クラスメイトや先生に対して自分の思ったことを意図した形で伝えるのが難しくなりがちです。

▼気持ちを伝えるバリエーションが少ない

我が家の長男は小学校入学の頃、ポジティブな気持ちは「嬉しかった」「面白かった」「楽しかった」など、いくつかのバリエーションで伝えられました。しかし、**ネガティブな気持ちを伝えることが難しく、「怒っている」も「悲しい」も「寂しい」も「悔しい」も、全て「嫌だ！」になってしまい**、相手に伝わる形で表現することが難しいようでした。家では、前後の状況から保護者がある程度推測できます。でも、学校での出来事となるとそばで見ているわけではないので、長男の気持ちを汲み取れないもどかしさがありました。

短期的視点でサポート

「嬉しい」「悲しい」「怒っている」気持ちカードで感情を伝える

▼相手の気持ちや表情に気づく練習

絵カードや手描きのイラストなどを使い、「嬉しい」「悲しい」「怒っている」など、出やすい感情を推測する練習をしてみましょう。「怒っているのはどれ?」と質問したり、お子さん本人の今の気持ちを選んでもらったりしても良いでしょう。**選択肢が多くなるとわからなくなってしまう場合は、まずは2択からスタート!** 選べるようになってきたら、少しずつ実際のコミュニケーションの場面で自分の気持ちを伝える練習をしていきます。とはいえ、すぐにできるようにはならないことも。最初は「こういう時はこんな気持ちになるね」と代弁してあげて、パターン化して使えるようにするのも一つの方法です。

絵カードを見せて、気持ちに合うものを選ばせる

いきなりたくさんの選択肢から選べない場合は、選択肢が少ない状態からスタートしてみましょう。

表情イラストで相手の気持ちに気づく練習を

PriPri発達支援絵カード4 気持ち

「気持ち」の言語化をお手伝いしてくれるカード。気持ちの強さも伝えられる。(世界文化社)

長期的視点で改善

漫画やアニメでもＯＫ！ 好きなことで語彙《ごい》を増やす

▼選択から自己発信へ

自分の言葉で気持ちを伝えるのが難しい場合も、パターンとして選ぶうちに、徐々に適切に伝えることが可能になっていくことも多いです。そのためには、家庭だけで抱え込まず、学校や教育機関と連携して、ＳＳＴ（ソーシャルスキルトレーニング）を行ったり、長期的な視点で**語彙を増やしたりすることも大切**です。語彙は学習を通して獲得していく部分ももちろんありますが、**本人に好きな分野があれば、書籍や漫画、アニメなどから吸収した方が本人の負荷も少なく**、楽しく自己発信することができるでしょう。

\学校生活の/
お悩み
08

手際よく盛り付けられないとトラブルにも!?

給食当番がうまくできない

小学校に入ると新しく始まるのが「給食当番」です。最初の頃は6年生がお手伝いに入ってくれることもありますが、2学期あたりからは、先生のサポートはあるものの徐々に1年生が自分たちでする部分が増えていきます。現在の小学校の給食の準備・配膳は残念ながら十分に時間が取れているとは言い難い状況で、時間に限りがある中、起こりやすいのは次のような困りごとです。

▼給食エプロンがスムーズに着られない

割烹着のような形のエプロンは、真っ白で柄などのわかりやすい目印がなく、前後ろがわかりづらかったり、背中側が留めづらかったりするものも。**ボディイメージが未熟なお子さんにとっては、短時間で一人でさっと着るのが難しい**ことがあります。

▼配膳が難しい

給食当番の役割はさまざま。汁物やおかず、ご飯係などは、道具を持ってクラスの人数分を手際よく盛り付けていく必要があります。そのため、**力加減が苦手、左右の手の使い**

分けが十分にできていないなど不器用な子どもにとっては、想像以上に大変な作業です。うまくできずにこぼしてしまう、あるいは同じぐらいの分量で盛ることができず、大盛りになったかと思えば、次は少ししか入っていない、など調整することの苦手さが対人トラブルにつながることもあります。毎日のことなので、何度も失敗が重なると、給食の時間が嫌になってしまいかねません。**ある程度手順を理解し、スムーズに当番をできるようになるまでは、その子がどんなところに困っているかを観察し、先生とも共有しながら配慮をしていくことが望ましいですね。**

短期的視点でサポート

慣れるまでは無理せず工夫を
着やすいエプロンを用意

▼給食エプロンに工夫をする

入学前に給食エプロンを家で着る練習をして、難しい部分を確認しましょう。白いエプロンは前後がわかりにくいので、背中側に名前タグをつけて、わかりやすい工夫をするのも一つの方法。また、着るのが難しい場合は、被るだけのデザインのものを用意するなど、短時間で着脱できるよう先生に相談してみましょう。

▼係について先生に配慮をお願いする

長男は入学時、力加減や左右の協応に難しさがあったため、**先生に相談して、おたまでよそうおかずや汁物など盛り付けが大変なものを避けて**、係を決めてもらいました。学校生活に慣れるまでは、無理のないよう工夫して乗り切りましょう！

どの給食係ならできるかな？

どの係なら無理なくできそうか、本人や先生に相談してみてもいいと思います。

簡単に着られるエプロンを用意

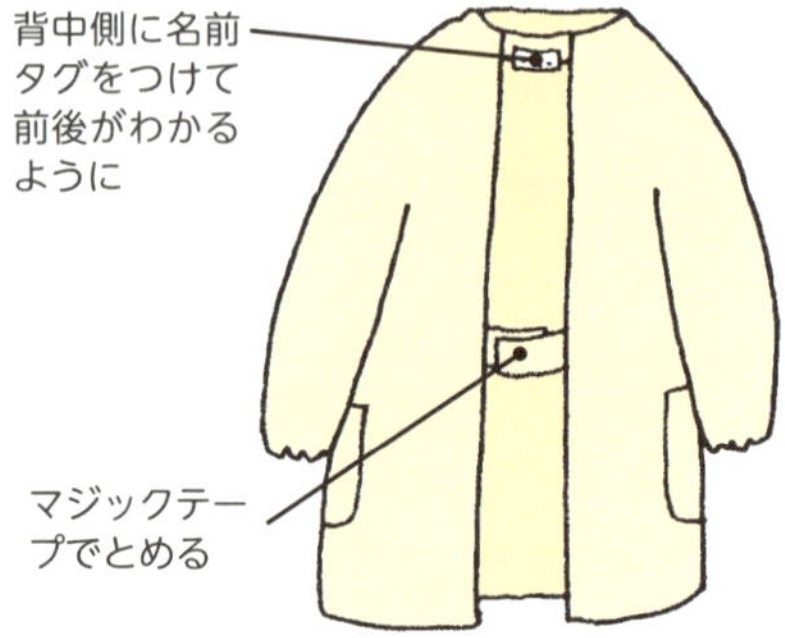
背中側に名前タグをつけて前後がわかるように
マジックテープでとめる

給食の前後は時間が非常に限られます。短時間でエプロンを着られるように工夫してみましょう！

長期的視点で改善

将来的な自立に向けて練習

料理で身体感覚を養う

両手を使った協応動作がいっぱい

将来的な自立に向けて、おうちで食事の準備のお手伝いを取り入れてみましょう。**料理にはきき手と反対の手で押さえながら切る・混ぜるといった左右の協応力が育つ動作がたくさん含まれています。**最初はとうもろこしや玉ねぎの皮むきなど、道具を使わずできることからスタート。お味噌汁やご飯をよそう、お茶をグラスに注ぐといった盛り付けや配膳の練習もおすすめ。家で経験する小さな「できた！」の積み重ねが、少しずつ自信につながりますよ。不器用だった我が家の長男も、４歳から一緒に取り組んで、今ではすっかり料理好きになりました！

子どもの手に合ったサイズの道具で料理の手伝い
お味噌汁をおたまでお椀によそう
お盆でお椀を運ぶ
こぼしても落ち込まないよう拭くまでが作業だと教える
こぼれたから拭いておくね

パパママ相談室

Q 放課後をどこで過ごさせるか悩みます

りっきー

A 小1になると誰もが悩む放課後問題。我が家は年長から、**将来を見据え、地域で暮らすための居場所づくりでもあると考えて動きました**。送迎のある放課後等デイサービスを探し、学内の学童も並行利用できるように調整しました。幼保↓小↓中↓高と環境が大きく変わるタイミングでも続けて通える場所が一つでもあれば、本人や親の心の助けになります。**18歳まで継続して通所可能な療育施設も検討**してみましょう！

放課後の居場所は多い方がいい

長男は中学年から近くの民間学童でも単発利用でお世話になっています。一つではなく複数の居場所があると、病気が流行ったときや成長に合わせて通えるので心強く感じています。

まとめ

将来、地域の中で暮らしていくことも考えて、居場所を多く作っておけると安心です！

第3章

日常生活のお悩み編

困った子は困っている子

▼否定される経験が多い発達っ子

特性がある子どもたちは、他の子どもたちに合わせたり、状況を読んだりすることが苦手な傾向から、大人から見ると困った行動をする子に見られがちです。その結果、小学校入学までの間に、**失敗が重なったり、怒られ続けたりと、自己肯定感が下がった状態になってしまうことが少なくありません**。まずは大人側の視点を変え、できないことよりできたことにフォーカスしていく必要があります。**課題をスモールステップに分けて、「小さなことでもできたら認めてもらえる」という経験を積み重ねることがとても大切**です。

▼自己選択につなげるために

小学生になると一気に行動範囲が広がり、任せられることも多くなりますが、ここで**目の前の課題を解決するために手助けすることが、本人にとって不要な先回りなのか、必要なサポートなのかをしっかり見極めましょう**。そして、少しのサポートがあればできそうな課題を中心に、一緒に取り組んでいくことが望ましいです。心理学者のレフ・ヴィゴツキーは、このような子どもの学習・発達における「関係性」に着目し、**「発達の最近接領域」**

を提唱しました。子どもにとって、すでに一人で簡単にできるものは面白くないし、逆に難しすぎて到底できないものはやる気を出すことができません。この時、**もう少しできそう、助けがあればできそう、と思われることを環境の中に設置していくことがポイント**。私の経験上、モンテッソーリ教育の現場においては、これに近いことが実践されています。また、不安が強い子に対しては、簡単にできる教材も一緒に準備しておきましょう。**慣れていて絶対できるものがいつでも手に取れるところにある、という安心感を持つことがあと一歩頑張ってみるきっかけになる**こともあります。一人ひとりの性格や様子に合わせながら、おうち学習の環境づくりや家庭習慣の定着を進めていけるといいですね。

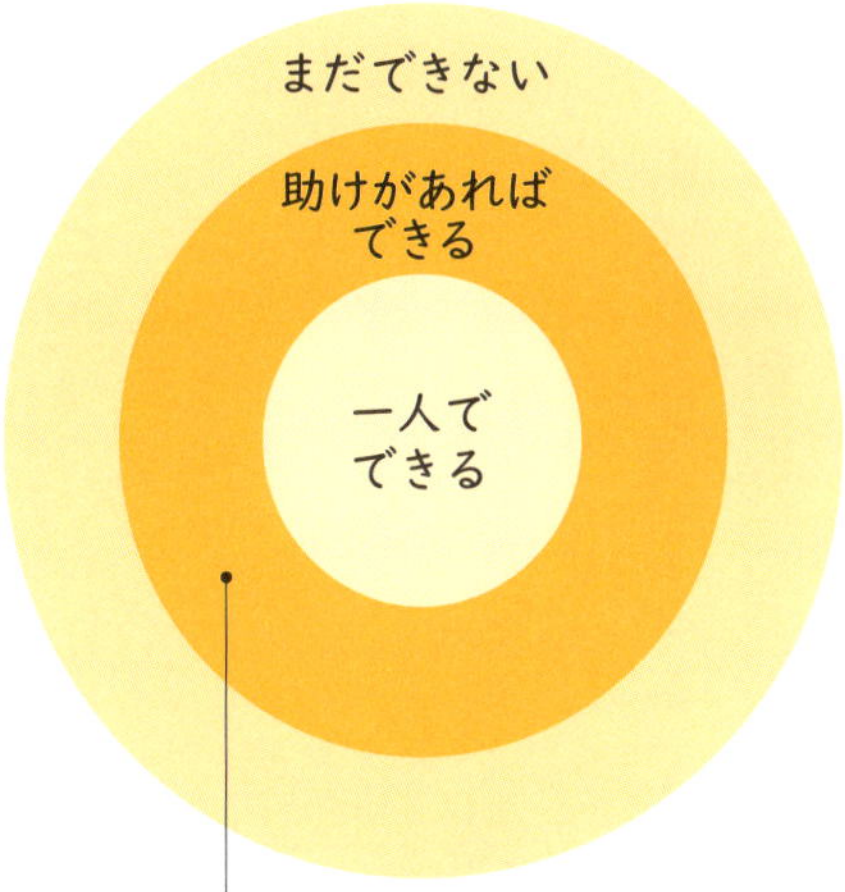

発達の最近接領域
ここがどれぐらいあるのかを
見極めるのが観察のポイント！

モンテッソーリ流・将来困らない自活力のつけ方

▼発達に大切なことが満載のモンテッソーリ教育

「モンテッソーリ教育」というと、早期教育のようなイメージをお持ちの方もいらっしゃるかもしれませんが、実はそんなことは全くありません。子ども一人ひとりの姿を観察して体系づけられていったモンテッソーリ教育は、**医師であるマリア・モンテッソーリが観察→実行→分析を繰り返し、発達に遅れのある子のために実践していったのが原点です。早期教育ではなくて、「適時教育」**なのです。

▼モンテッソーリ教育と感覚統合のつながり

私がモンテッソーリ教育に魅力を感じたのは、**子どもを年齢という枠に当てはめるのではなく、その子の姿を観察して、敏感期という考え方をベースに、一人ひとりに合った環境を提供していく**という考えに共感したからです。長男の発達に悩んでいた頃、周りの同年齢の子と比べて、できないことが多いことに苦しみました。でも、モンテッソーリ教育の考えに出会ってからは、他の子と比べるのではなく、どうせ比べるなら過去の我が子と比べようと思えるように。**発達がゆっくりでも、3ヵ月前、半年前と比べると、長男は確**

モンテッソーリ教育の5分野

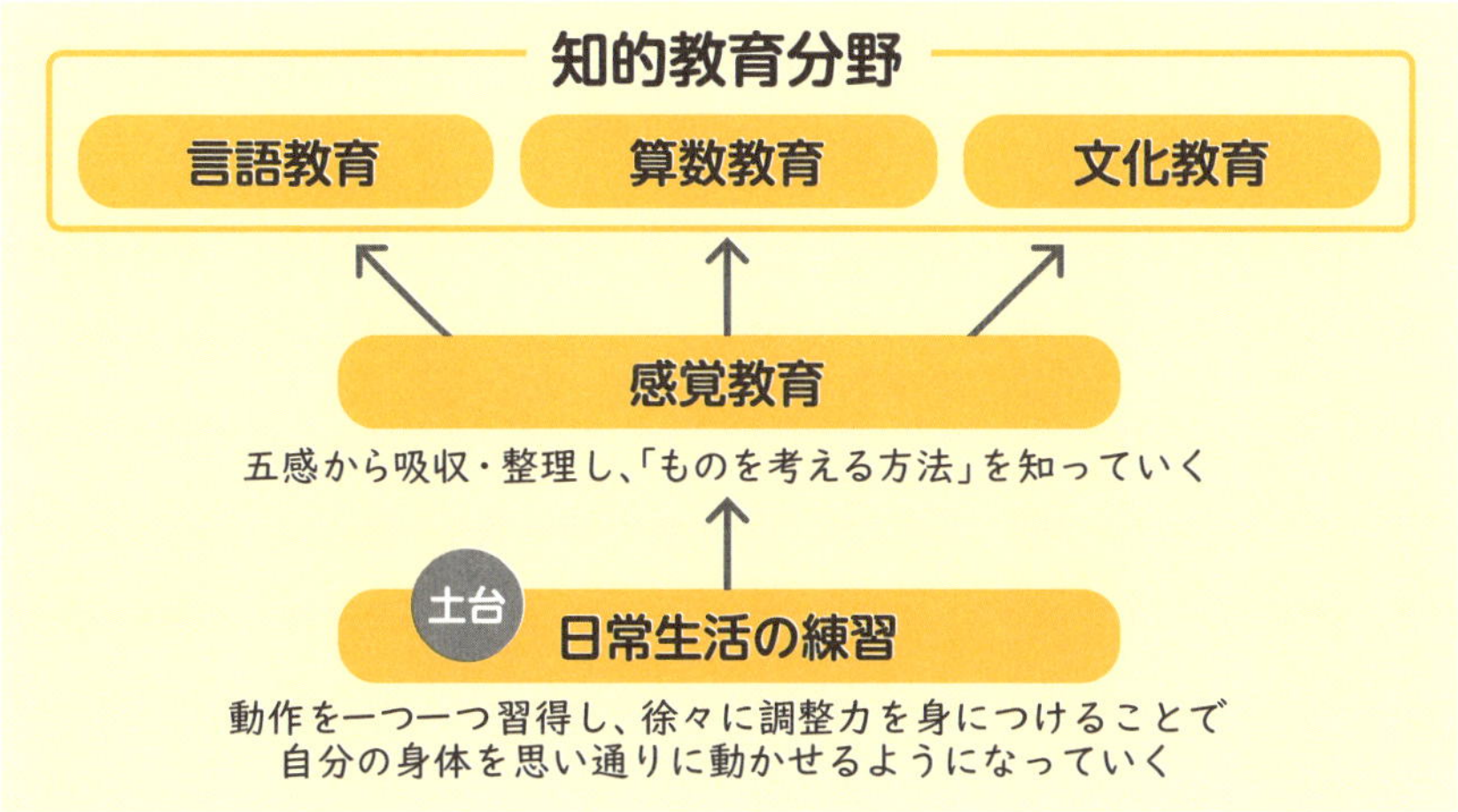

基礎感覚を育てつつ、敏感期に合わせて日常生活の練習や感覚教育の「おしごと」で、身体や手を十分に動かして、自在に使いこなせるようになる。これがのちの知的教育（算数教育・言語教育・文化教育）につながっていきます。

実に成長していることを実感して、苦しかった心が少しずつ解きほぐされていきました。**少し工夫をすれば日々の生活の中で続けられることも大きなポイント**。家庭でモンテッソーリ教具をたくさん集めるのは現実的ではないですが、おうちモンテなら、掃除や料理といった大人が家事としてやっていることを、子どもと一緒に、道具や環境設定の工夫をしながら継続することが十分可能。さらにそのような**日常動作は、感覚統合の視点で見ても、発達に必要な動作がたくさん含まれています**。感覚統合の仕組みを知り、アプローチをしながらおうちモンテの「おしごと（活動のこと）」をすることは、我が家にとってはまさに黄金の組み合わせでした。

子どもにどんな18歳になってほしいですか？

記事はこちら

▼生活力を身につけることの大切さ

長男が4歳で発達障害の診断がついた時に考えたのは、**「将来的な自立」**についてでした。基本的には先に親がいなくなりますし、障害があるならなおさら「我が子はどうなるの？」と感じますよね。我が家は**将来に向けた長期的な目標として「18歳になった時に、身の回りのことがひと通りできるようになっていたらいいな」**と考え、取り組んできました。その上で、**困ったことがある時に「助けを求められるスキル」も必要**だと思いました。必要な福祉的サポートを使いながら、その子なりの自立に向けて、小さい頃からできることはたくさんあります。

▼掃除や料理、どんなところがいいの？

掃除や料理は、感覚統合の視点から見ても、立派なおうち療育です。たとえば、**掃除には肩関節から腕、手首などを動かす粗大運動の動きがたくさん含まれています**。手先が不器用な子にとって、いきなり机に向かって道具を操作したり、文字を書いたりすることは難しいもの。そんな時に**棚や机を拭く、フロアモップをかける、お風呂の鏡に水切りワイ**

自立につながる手を動かすお手伝い

掃除と料理は、感覚統合の視点だけでなく、家庭の中で誰かの役に立つ経験を積み重ねる意味でもおすすめ。コツは本人に合った発達段階の動作から取り入れること。たとえば、手首のスナップが未熟な場合、いきなり縦での雑巾しぼりは難しいです。スポンジからスタートし、ステップを分けて一つずつやってみましょう！　料理は、道具を使わないものからトライすると、ハードルが下がります。

掃除

- STEP1 スポンジしぼり
- STEP2 雑巾しぼり（横しぼり）

- STEP3 雑巾しぼり（縦しぼり）

料理

- 枝豆をさやから出す
- ゆで卵の殻むき
- ぶんぶんチョッパー®

引っ張るだけでみじんぎりができる道具。視覚・触覚・固有覚に刺激が入り、感覚統合的にも有効！（K-and-A）

パーをする、といった大きな動きであれば楽しみながら取り組み、経験が足りなかった動作を補うこともできます。また、料理には指先を使ったり、左右の手を協応させたりする動作が多く含まれています。包丁を使って切るのはハードルが高いかもしれませんが、レタスをちぎる、ミニトマトのへたを取る、ゆで卵の殻やとうもろこしの皮をむく、ボウルを押さえながら材料をきき手で混ぜる、といったレベルならできそうな気がしませんか？　最近は100円ショップでも子ども用の小さなサイズのお料理道具を気軽に入手できます。大人にとっては面倒な家事も、子どもにとっては遊びだったり、身近な大人の真似をする楽しい時間だったりします。負担にならない範囲で、子どもと一緒にやってみましょう！

身支度や片付けが自分でできる動線とは

▼片付けで大事なのは動線

環境設定をするときに大切なことはなんだと思いますか？　「どんな棚を準備するか」、それとも「どこに何を入れるか」でしょうか？　実は家庭において、私が一番大事だと思うのは**「動線」**です。帰宅後の動線は、片付けがしやすいものになっていますか？　途中で他のことに気を取られるなら、それはその子にとって望ましい環境ではありません。我が家では、**帰ってきてリビングでテレビをつけるまでの間に、荷物の片付けが終わる動線を目標に、環境設定をしてきました。**わざわざ置きに行かなくてはいけない場所に、毎日使うものがある場合は、見直しをしてみましょう。大人に置き換えてみると、キッチンや仕事部屋などでも、すぐに使うものはあまり動かなくても取れる範囲に配置しますよね。それと同じように考えます。小学生になると学習用品が増えるため、リビングや子ども部屋の中に保管スペースを作る必要が出てくることもありますが、**子どもの目線の高さで見ること、動線を確かめること、用途ごとにエリアを分けること**が大切。そして、お子さんと相談しながら自分でできるように物の配置を考えることをおすすめします！　どうするとスムーズにいくか、左のページにある理想の動線例の図を参考にしてみてください。

インスタの投稿

コレが理想の動線例！

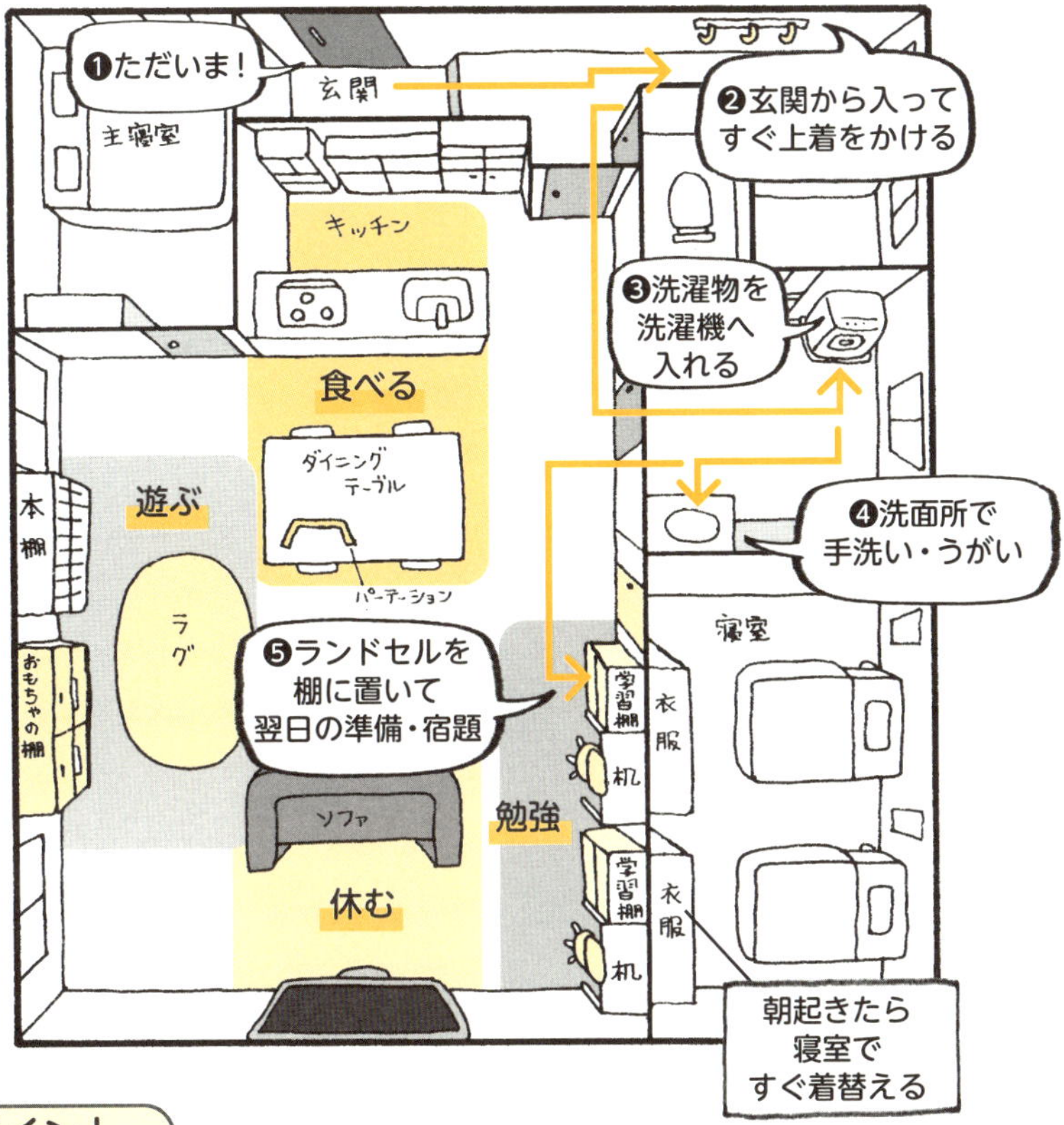

ポイント

●何をする場所なのか、遊ぶ／食べる／休む／勉強など区分けする
●余分な刺激が視界に入りにくい工夫をする
壁に向かって机を置く／机の上には必要なもの以外置かない

ダイニングテーブルで学習する時のポイント

●キッチンから見える向きに子どもの椅子を置く＝親が学習を見やすい
●子どもの気が散りにくいようにパーテーションを使うなどの工夫も！

りっきー家の動線は？

我が家では寝室内に衣裳ケースを置き、起きたらその場で着替えられるようにしています。なぜなら、リビングに移動してしまうと夏は暑いし冬は寒いしで、ソファに座り込んでしまい、動かなくなるから（笑）。リビング移動後は、ごはんを食べるだけにするのがベストということになりました。

日常生活のお悩み 01

仕組みづくり&やることリストで習慣化！

学校の準備を自分でできない

学校から帰ってきて片付けた流れでそのまま翌日の準備を終わらせてしまうことが理想的ですが、それがなかなかできないのが現実ですよね……。しかし、面倒になって翌朝に準備をしようとしても、結果的に時間がなくて見落としがち。だからこそ、動線づくりと合わせて、どの部分が難しいのかを見つけて、翌日の準備が自分でできる仕組みづくりをしていきましょう。**学校から帰った後の流れの中に翌日の準備までを組み込んで、「やることリスト」で習慣化してしまう**のがポイントです。

▼家も学校も同じ仕組みで管理

74ページの整理整頓のところで紹介したファスナーケースでの管理は、家で時間割を確認する時にも役立ちます。各教科のテキストやノートに貼ったのと同じ色のシールを家の収納場所にも貼り、出し入れが直感的にできるように。**時間割は家の学習用品がある場所にも貼り、明日は何曜日なのかを示すスケールをつけてわかりやすくすると、見る場所が視覚的に理解できます**。月曜日は教科書類だけでなく、体操服や上履き、給食着など、持ち物が多くなりますので、ホワイトボードで持ち物チェックリストを作るなど、本人に合った方法でサポートしましょう。宿題をするのに筆箱を出すとランドセルにしまい忘れるという時には、割り切って家用と学校用の筆箱を二つ準備してしまうのも手です。

▼すぐにできると思わない

いろいろな対策をしても、すぐに一人でできるとは限りません。頑張っても忘れ物が重なり、怒られないよう全ての教科の教科書をランドセルに入れてすごい重さのまま毎日通っていたという例も。本人が気をつけたり、チェックリストを見て行動したりと頑張っていることをしっかり認めて、**慣れるまでは大人が一緒に見守って準備を**しましょう！

＼日常生活の／
お悩み
02

集中できる学習環境とつまずきに合わせたサポートを

宿題をやろうとしない

▼集中できる机回りの環境設定

リビング学習が主流になっている昨今ですが、机の上に物が多いと気が散りがち。まずは**机の上になるべく物を置かないことを心がけましょう**。リビングテーブル用の横置きワゴンや、机につけるタイプのハンギングボックスなどを活用して、机に載せない収納を。また、きょうだいが横にいて気になる時は、**刺激を遮断できる折りたたみ式のデスクパーテーションが便利**です。コロナ禍以降、リモートワーク用品が充実しているので、おうちの環境に合うものを探して取り入れてみましょう！

▼学習時間と分量の設定をカスタマイズ

子どもにも朝が強い子、夜が強い子がいて、適切な学習時間帯は違います。帰宅時間やスケジュールと相談しながら、本人に合った学習時間を設定しましょう。**眠くならずに適度に集中して取り組める時間はそれぞれ**。我が家は寝る前の15～30分を学習時間と決めています。宿題は学童や放課後等デイサービスで終えているので、家ではタブレット学習やドリルをします。また、**難しすぎたり簡単すぎたりする課題を毎日こなすのは大人でも辛い**もの。あまりにやりたがらない時は、宿題の難易度や量が合っていないのかも。そんな時は、思い切って先生に相談するのもいいかもしれません。**漢字を書く量の調整やドリルの応用部分の免除、代替プリントでの提出**など、柔軟に対応してもらえる場合も意外と多いです。宿題の目的は出されたものをやりきることではなく、理解度を確認し、学習習慣をつけること。できなかった部分には、親が印をつけてコメントをいれ、サボりではなく頑張ったことを先生に伝えます。本人のつまずきに合わせたサポートは何も悪いことではありません。ご褒美、小休止などうまく使って、ルーティーン化できると良いですね。

日常生活のお悩み

03

やるべきことは多いけど、自由に過ごす時間も大事

時間配分が苦手・優先順位がつけられない

余白の時間を意識しよう!

宿題やごはん、お風呂、歯みがきなど、その日のうちにやらなければならないことはたくさんありますが、**子どもたちは大人のように先を見通して考えることはまだ難しい**です。どんな時間配分にするのか、そして優先順位をどうするかは、小学生の間に少しずつ身につけていくつもりで、長い目でサポートしていきましょう! イマドキの小学生はとても忙しいもの。我が家の子どもたちも放課後は学童や放課後等デイサービスに行ったり、日によっては習いごとがあったりと、とても忙しくしています。そんな生活の中で**大事にしているのは、余暇・余白の時間も作ること**。大人もやるべきことばかりの毎日だと疲れてしまいますよね。子どももそれは同じ! 特に、発達特性のある子は必要以上に刺激を受け止めてしまい、疲れやすかったり、集中力を保つのが難しくなることも。**好きなこと・楽しみなことをスケジュールにまず入れて、そこからタスクリストなどを作ることを意識**してみましょう。ゲームやおもちゃで遊ぶことなど、**やりたいことの時間をどれくらい取るかは、親子で一緒に考えることが大切**かなと私は考えています。

子どもの視点では

もう寝る時間
だから我慢して
学校の準備、宿題、
お風呂、歯みがき…
やらなきゃいけない
ことが多すぎる!!

やるべきタスクとやりたいことのバランスをとる練習をしよう！

やるべきことばかりが多くなりがちな、現代の小学生の生活。タスクをきちんとこなすことももちろん必要ですが、ぼーっとする時間、自分で考えてやってみようと思う習慣を身につけていくことも同じぐらい大切です。将来、余暇の時間を楽しめるように、今から趣味の時間も大切にしながら、優先順位を考える練習をしましょう。

チェックリストを作ってタスク量を見える化

インスタの投稿

▼チェックリストを導入しよう！

やることがたくさんあって、どれからするか迷って決められない場合は、**まずチェックリストを作って、全体のタスクの量を見てわかる状態に**しましょう。やりたいこととやらなければならないことに分類したら、まずはざっくり大人が流れを作って示します（子どもはどれにどのぐらい時間がかかっているかわかっていないことも多いため）。その上で、「どうしてやらないといけないのか」を子どもに説明して、本人が納得できると実践しやすくなります。**終わったものを取り外したり、裏返したりできるようにマグネット式にするのがおすすめ**。最近では市販でも子ども向けにわかりやすく作られたマグネットの「やることリスト」のセットが販売されています。

▼タイマーを活用しよう！

やることが決まったら、次は**時間の意識づけ**。お子さんによって合う方法は違いますが、**残り時間が視覚的にわかるタイマー、砂時計、スマホのリマインダーアプリ、アレクサなどを搭載したスマートスピーカーの活用**などが選択肢として挙げられます。我が家では幼児期は残り時間が視覚的にわかるタイマーと砂時計をよく活用していました。だんだん減っていく感じが目に見えて、あと少しだな、と予測を立てやすいのがポイント。スマートスピーカーも好きな音楽を流しながら時間を測ったりできるので、活用の仕方次第ではとても心強い味方になります。**親が声がけをすると子どももつい感情的になってしまいがちですが、スマートスピーカーが知らせてくれると素直に応じやすい**という実感もあります。

残り時間が体感できるアイテム

●砂時計

「砂が全部落ちたら終わり」というシンプルさが時計を読めない子にもわかりやすい。

●曲が止まるまでに終わらせられる？

スマートスピーカーで音楽を流して、曲が止まるまでにできるかなど、ゲーム感覚で楽しく取り組める。

●時計の読み方がわからない子に

ふんぷんくろっく

モンテッソーリ教育の視点からヒントを得て作られたアナログ時計。時の12進法を内側に、分の60進法を外側に表記し、時針と分針それぞれが対応する数字をわかりやすく示します。(タカタレムノス)

日常生活のお悩み 04

一度始めると際限なく続けてしまう

ゲームや動画をやめられない

小学生になると、交友関係も広がり、ゲームや動画との距離感についての悩みも多くなります。大前提として、大人ですらなかなかゲームや動画を途中でやめることができないので、小学生が自分でコントロールするのはもっと難しいと知っておきましょう。

▼制限するのは本当に難しい

特性のある子どもたちは、目の前の報酬に飛びつきがちで、長期的に得られる報酬のために我慢することが苦手と言われています。**ゲームや動画はボタンを押す・クリックするという行為によってすぐに派手な反応が得られたり、次々と自動的に画面が変わっていくので、そもそもハマりやすい仕組み**なのです。嫌なこと、不安なことがあった時や、やるべきことに対して「今、やりたくない」と逃れたい気持ちから、ついつい長い時間ゲームや動画に没頭してしまう子もいます。小学生の間は特に、ゲームやタブレットは保護者が管理して、機械本体の時間制限機能などもうまく使いながら、ルールを一緒に考えて、そのルールを徹底的に守ることが大切です（子どもに守らせるだけでなく、大人も！）。

インスタの投稿

子どもの視点では

後のことを考えて動く難しさをルールの遵守でカバー

やるべきことが終わってないとわかっていても、子ども本人はやっている最中は過集中の状態で、「このぐらいにしておこう」「そろそろごはんの時間だな」と自分でコントロールすることが難しいです。ルールを守るための仕組みづくりと、一度決めたルールを大人が「今日だけ」「まぁ10分ぐらいいっか」と気分で変えないことが大切です。

守らないといけないルールは自分で決める

▼ルールは一方的にではなく「一緒に決める」

我が家では、長男が小4、次男が年長の時にゲーム機がやってきました。最初が肝心と思い、まずは子どもと相談しながら**「ゲームはテレビ画面でしか映さない（手元ではしない）」、「週4回一日45分」の2つのルールを決めてスタート**。途中で習いごとなどのスケジュールで週4回が厳しくなった時に、私から**「週3回一日60分」への変更を提案**しました。最初は「3回に減るの⁉」と言っていた子ども達ですが、計算したらできる時間が一緒だと気づき、**納得して自分たちでルールの紙を書き換えました**。ルールは大人が一方的に決めるのではなく、子どもと一緒に決めるのが大事です（自分でルールを書き出すのも有効！）。なかなかやめられない場合は、ゲーム機やタブレット本体の時間制限機能とあわせて、タイマーも活用し、終わる時間の5分前や10分前に予告をするのもいいですね。

▼ゲームをきっかけに外の世界ともつながろう

どうせゲームをやるなら、保護者も一緒に楽しむのも手。私も新しいソフトがやってきた時には、まず子どもたちと試してみることにしています。その後、**画面の中の世界だけ**

で終わらない工夫を提供するのは大人の役割。例えば……

●マインクラフト↓ブロックなどのおもちゃやプログラミング教室
●マリオやポケモンなどキャラクター系のゲーム↓テーマパークや体験型イベント
●桃太郎電鉄↓旅行・旅育
●スポーツ系のゲーム↓実際に試合を観戦

画面の中だけで全てを完結できる現代ですが、小学生にはまだまだ実際に身体や手を動かす実体験から学ぶことが大切。子どもの好きな世界に関心・理解を示した上で、向き合っていく方法を考え、実生活でも「やってみたい」と思うことを増やせるといいですね。

＼日常生活の／
お悩み
05

もらってすぐに使い果たしてしまうのはなぜ？

お小遣いを計画的に使えない

小学校入学を機に、お小遣いを渡し始めるご家庭も多いかもしれません。また、お年玉などで子どもにとっては大きなお金を一度に手にした時、どのように使っているでしょうか？　お金は友達との貸し借りなども含めてトラブルが起こりやすいので、どのように金銭感覚を養っていくか、親子でしっかりと考えることが大切です。

▼まずはお金の概念の理解度を把握しよう

お子さんはお金の額面の概念をどれぐらい理解しているでしょうか？　**お金に関しては、数の概念と結びつく部分も大きく、両替（100円玉10枚と1000円札1枚は同じ）やお釣りの概念がわかっていないと、お小遣いをもらっても、買い物の時に、どれぐらい使ってどれぐらい残っているかを把握するのは難しい**もの。学用品を買うためのお金を渡しても、「お店に行って買い物をする」という行為自体が楽しくて、後先考えずに衝動的に違うものを買ってしまい、肝心の学用品を買えなかったというエピソードも耳にします。また、現代は電子マネーでの決済が多く、**昔に比べて現金を見る機会が少ないので、子どものお金に対する概念も曖昧になりがち**だと言えるでしょう。

子どもの視点では

枚数の多さに惑わされず、額面でイメージできる？

抽象的な思考や想像力が育っていないと、1000円札10枚と１万円札１枚があった時に、1000円札10枚の方が金額が大きいと錯覚してしまいます。この段階の場合、「額面」で表示されるお金に対する理解度は未熟で、残額を考えながら計画的に使うことはまだ難しいです。お小遣いを渡す時には、財布は大人が管理して、使う際に都度必要な額を渡してあげる配慮があった方が良いでしょう。

楽しみながらお金の使い方を学ぼう

何事も学ぶ時にはまずは具体的な経験をすること、がモットーの我が家。お金に関しても同じようにステップを踏んで学んでいます。

▼予算に合わせて買い物練習

長男は小学2年生の頃から、週末スーパーに買い物に行く時、予算を決めてお菓子を買っています。「今日は200円」、「今日は150円」、と週によって少しずつ金額を変えて、売り場の値札を見ながら、予算を超えないよう計算してレジに持っていく練習です。5年生で割合を本格的に習ってからは、お惣菜売り場の割引シールが貼られた商品を見ながら、「どっちがお得に買えるかなぁ」なんて親子で考えつつお買い物。お釣りや割引の計算を頭の中でできるようになることはもちろん、税込み表記、レジ袋にはお金がかかること、夕方には商品が割引になるなど、生活の中からもお金に関することを学べます。

▼おうちでのマネー教育

我が家では両替やお釣りの概念を理解して計算ができるようになってから、お小遣い制度をスタートさせました。金額は年齢×100円／月で、使うたびに自分で選んだお小遣い帳

に記入。収支が合っていることを確認してから、次の月の分を渡す仕組みです。ご家庭の方針で定額制や報酬制など、考え方はいろいろありますが、**電子マネーでの会計が普及した今、現金での買い物ややりくりの経験は、お金の重みを知るという意味でも大切**だと思っています。大きな金額のやり取りは、ゲームの「桃太郎電鉄」で仮想体験しています。物件を買ったり売ったり、収益率を考えるなど、意外と良い機会に。子どもたちが大人になる頃には、ますます実体のないお金のやり取りが多い世の中になっているでしょう。特性のある子は残念ながら嘘の儲け話などに騙されてしまいやすいです。まずは保護者がマネーリテラシーを身につけ、リスク管理を伝えていきたいですね。

マネー教育におすすめの本

『LA在住のママがやっている アメリカ式・はじめてのお金教育』

ひろこ／KADOKAWA

稼ぐ・使う・貯める・増やすなどテーマに分けて、家庭でマネー教育をするための具体例や考え方がわかりやすく紹介されていてとても参考になります。

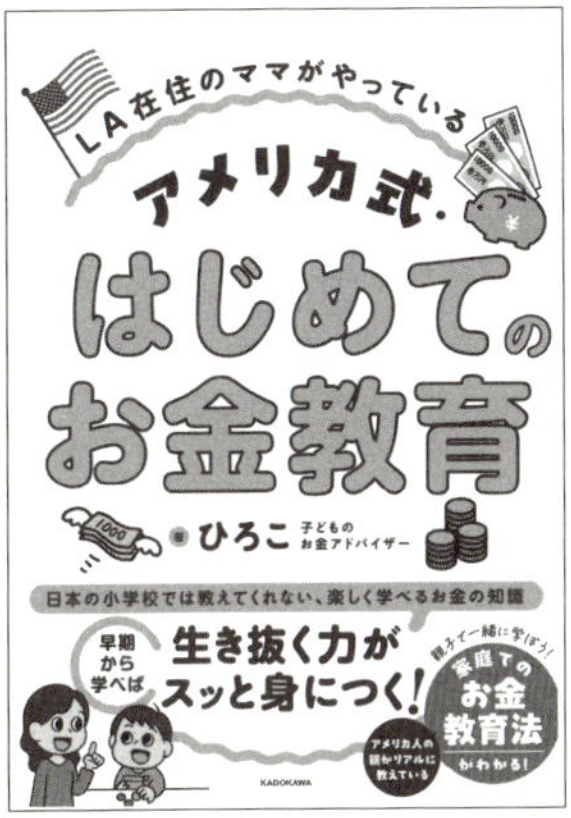

モンテッソーリ教具の金ビーズを使った「銀行あそび」

100の金ビーズの板10枚と1000の金ビーズの立体1個を「両替」するなどして遊びながら、数量感覚とお金の両替の概念が身につきます。

日常生活の
お悩み
06

特性のある子の習いごと、どうやって選ぶ？

習いごとが続かない

発達が気になる子の場合、**これまでの習いごとの経験の中で苦い思いをした方も多いかもしれません。**我が家も未就学児の頃、入会を断られたことがあります（当時の習いごと選びや入会時の配慮など、詳細は右下のQRコードよりWith classの記事で読めます）。また、本人がやりたい習いごとだったとしても、**「他の子に迷惑をかけてしまうんじゃないか」「先生やコーチの指示を聞けるのか」**など悩みごとは多岐にわたりますよね。本人に失敗や間違いを極度に嫌がる完璧主義なところがある場合は、**「まぁいっか」「次頑張ろう」という切り替えがなかなかできず、始めてからもトラブルが起こる**ことも。

▼事前の情報収集と先生との連携が大事

過度に先回りをする必要はありませんが、**学校教育の現場と違い、習いごとの場は特性への理解や合理的配慮の観点が整っていない場合もある**ので、あらかじめ本人に合っていそうなところか確認しておくと安心です。机に向かう習いごとは難しくても、運動の習いごとならうまくいった！　というケースもあります。特性は一人一人違いますが、選択肢はいろいろあります。

記事はこちら

習いごとの体験ではここをチェック！

子どもの様子
→楽しそうに自ら取り組む
周りの子の様子
→「順番だよ」と声をかけて教えてくれたりする
先生の様子
→具体的で短い指示をくれる
一つずつやってみよう
子どもの様子
→やらされて仕方なくやっている
周りの子の様子
→仲間はずれにする、非難する
先生の様子
→声が大きいだけで具体的なアドバイスがない
全然できてないぞ、やり直し！

●集団行動が苦手な子の場合
↓みんなで動きを合わせ協力するものよりは、個人プレーのスポーツを選ぶ
●動き回るエネルギッシュな子の場合
↓活発な動きを活かせるスポーツを選ぶ

教え方も、大人数での集団方式や、個別レッスン方式などさまざまです。そして、１年生の時は難しくても３年生になってもう一度体験してみたら案外できた、というように成長に応じて子どもは変わります。**習いごとは必ずしもないといけないものではないからこそ、「やる！」と決めたなら事前の情報収集と、先生・コーチとの密な連携はとても大切。**続けられるかは二の次でＯＫなので、まずは始めると決めた子どものその決断を尊重して、応援＆サポートをしていけるといいですね。

新しい形の習いごとでハードルは下がる

▼外発的動機づけと内発的動機づけ

人が行動を起こし、やり続けるためのプロセスや機能のことを「動機づけ」といいます。動機づけには「親に言われたから」「ご褒美《ほうび》が欲しくて」といった**外部からの報酬や強制による「外発的動機づけ」**と、「うまくなるのが楽しいから」のように**自分がしたいからする「内発的動機づけ」の2種類があります**。以前はこの二つは相反するものとされていましたが、現在は連続性のあるものと捉えられています。最初は誰かに言われたり、ご褒美目当てだったりしても、続けているうちに、**「練習や課題に取り組むことは自分のためになる」**と気づき、必要性を感じるように。そして最終的には**「自分がやりたいからやっている」と自発的に練習や課題に取り組む**ようになります。この段階では自分で決めてやったという**「自己決定感」がしっかり高まっている**ので、たとえご褒美がなかったとしても、（内発的動機づけに基づいて）楽しく取り組めるようになっていきます。このように、**「知的好奇心からくるやる気」が生まれると能力はグッと伸びていきます。**

▼放課後等デイサービスやオンラインの習いごとの活用も

インスタの投稿

我が家では入学直後は毎日放課後等デイサービスに行き、習いごとは週末のスイミングのみでした。学年が上がって感覚統合が進み、困りごとが減ったこともあり、少しずつ本人のやりたい一般の習いごと（まずはスポーツから）にチャレンジするように。現在は放課後等デイサービスが週2～3日、スイミング、オンラインの習いごと3つをしています。コロナ禍で種類が増えたオンラインの習いごとは、画面を見てやることを理解する必要性はありますが、**周りの友達へ迷惑をかけないかなどの精神的負担がなく、全国から参加可能で送迎も必要ありません。また、自宅の慣れた空間でできるので無用な感覚刺激にも触れにくい、という大きなメリット**があると感じています。

＼実際に我が家の長男が長く続けている／

オンラインでできる習いごと

読書の習いごと「ヨンデミー」

AIがお子さんにピッタリの本を選書！　ゲームのような楽しい仕掛けで読書習慣が身につく読書の習いごと。

発達支援専門の運動教室「へやすぽアシスト」

理学療法士・作業療法士がオンラインでマンツーマン指導を行う、おうちの中でできる運動教室。

モンテッソーリ教育式オンライン英語「Atlas Montessori English」

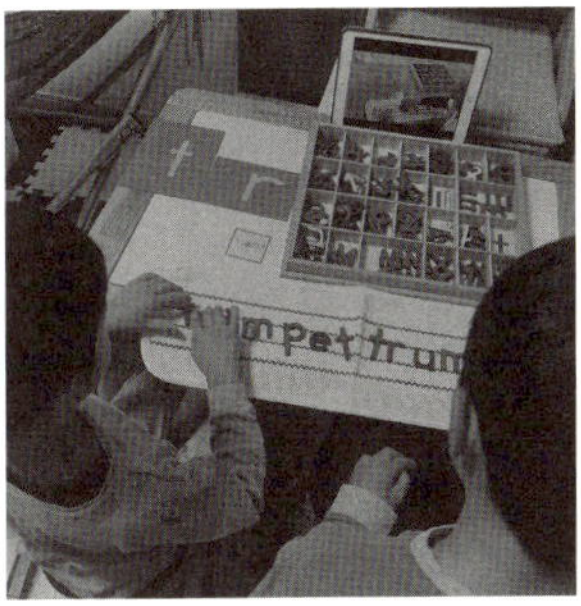

五感を使い2年間でフォニックスと文法の基礎を学び、中学校入学前に英語の土台を無理なく作れるレッスン。

パパママ相談室

Q 習いごとの先生に特性は伝えた方がいい？

りっきー

A 療育ではない一般の習いごとに通う際、先生にあらかじめ特性について伝えるのか、伝えずに通わせるのか、悩むこともあるかもしれません。我が家の場合は、**始める前に必ず伝える**ようにしています。これまでの経験上、その方がスムーズにいくことが多かったからです。学校の先生と同じように**サポートブックをお渡しすることで、可能な範囲で配慮（集団指示の後、個別で声をかけるなど）してもらえることも。**

先生の立場から思うこと

そして、モンテッソーリ教師の立場で思うのは、**未診断でもグレーゾーンでも気になるところがあれば教えてほしい**ということ。事前にサポート方法を考えておくことで、対応のミスマッチも防げます。

まとめ

サポートブックを活用するなどして伝えると、特性を理解して配慮をしてもらいやすいです。

第４章

苦手な科目の学習サポート編

小学校の教科学習はどうサポートする？

▼学習の土台にも感覚がある

小学校生活をサポートしていく上で、生活面に加えて欠かせないのが教科学習。お子さんに苦手な科目が出てきた時についついやりたくなるのが、プリントやドリルなどの反復学習ですが、第2章でもお伝えしたように、**学習のつまずきの根本には、感覚統合におけるつまずき**があります。この章では、子どもがつまずきやすい学習課題に対して、感覚統合の視点で原因を学びながら、家庭でできる取り組みについて一緒に考えていきましょう。

感覚統合的なつまずきを知り、アプローチをしていくには、ある程度時間をかけて長期的な視点で見ていく必要があります。そのため、**「今この瞬間すごく困っている」という状況に対して、少しでもなんとかしたい！　という時には、「すぐできるサポート」についても考えてみましょう**。いわゆるサポートグッズなどを使って、困りごとを軽減していく短期的視点です。**サポートをする中で短期的視点と長期的視点はどちらも大切**。発達の凸凹があると、学年通りの学習が思うようにいかないこともあるかもしれませんが、焦らずに子どもを観察して、発達段階に合ったサポートをすることが遠回りのようで近道です。

長期的視点

感覚上のつまずきの改善を目指して、感覚統合のアプローチを行う

●体育の球技が苦手

→吊るしたボールにタッチして眼球運動＆ボディイメージを育てる

●文字を書くのが苦手

→筆記具を持つ前に、バットに入れた塩に指で文字を書く練習をする

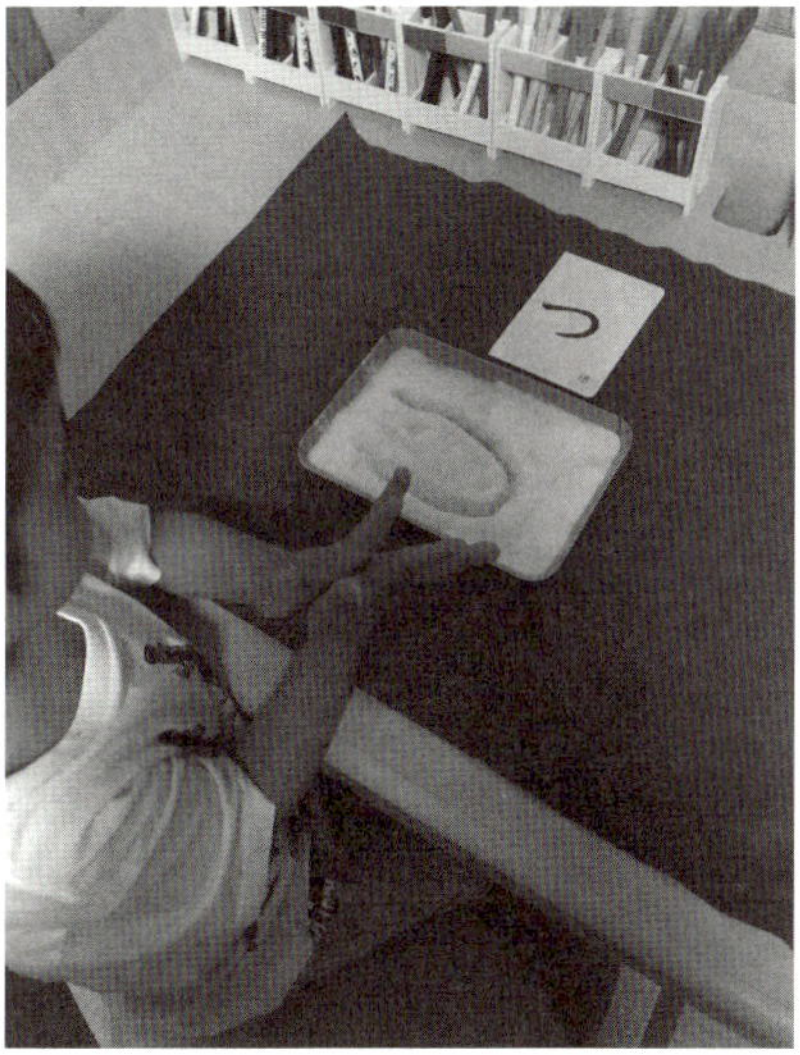
つ

短期的視点

感覚過敏や感覚鈍麻、気の散りやすさなどを考慮して、環境調整・サポートグッズを導入する

●どこを読むのかわからなくなる

→リーディングトラッカーを使う

●文章問題が理解できない

→スラッシュやマーカーを入れて補助

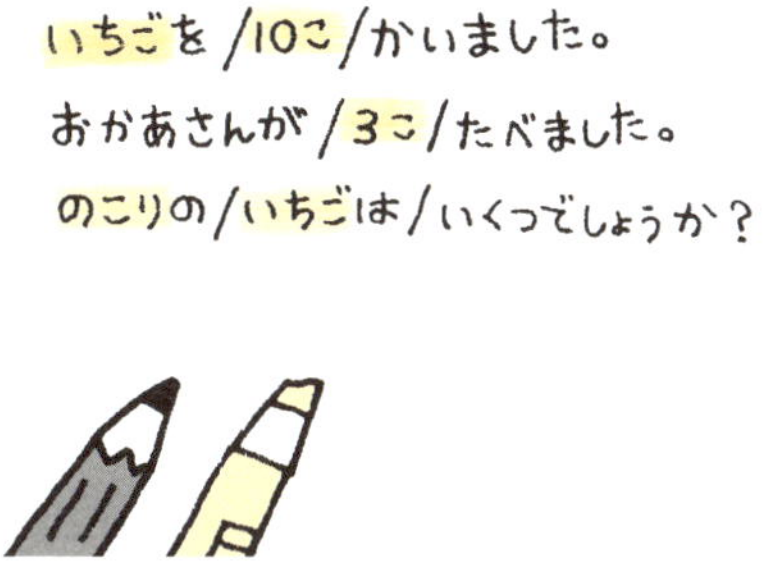
いちごを /10こ/かいました。
おかあさんが /3こ/たべました。
のこりの/いちごは/いくつでしょうか？

＼教科学習の／
お悩み
01

読み間違い／読み飛ばし／単語のまとまりがわからない

文章を読むのが苦手

インスタの投稿

小学校では授業中に当てられて教科書を読む、音読の宿題が出るなど、本格的に「文章を読む」ことがスタートします。**実は、読むことにも感覚統合的な視点が欠かせません。**

▼読むのが苦手＝平衡感覚の課題が大きい

読むのが苦手なお子さんは、「平衡感覚」につまずきを抱えていることが多いです。中でも、**目の動きに課題がある場合は、手元をじっと見ること、目で文字を追うことが苦手なので、読み飛ばしや同じ行を繰り返し読んでしまう**などの困りごとが出てきます。**問題文の理解度にも関わってくるため、学習面のつまずきとして現れがち。**また、スムーズに目を動かすには、まずは姿勢を保つことが必要です。体幹がぐらぐらしていると、読むことに疲れてしまいます。**一音一音の文字として読むことはできても、文字のまとまりである単語として捉えることが苦手**な子も。そういった意味では、**ある程度の語彙力**も求められます。大人でも、知らない単語の多い文章をスラスラ読むのは難しいもの。そのほか、**「てにをは」の理解、目に入ったものを音にして処理する能力**など、実は「読む」には多岐にわたる高度な能力が必要なのです。

子どもの視点では

文字が重なったり
鏡文字に見えたりしているかも

文字を読むのが苦手な子の中には、上下・左右・前後の空間認識が弱い子がいます。また、身体の中心軸（正中線）が未発達だと左右を跨ぐような動きが難しいので、読む時にスムーズに焦点を合わせづらく、文字が重なって見えたり、鏡文字に見えたりしているケースも。視力に問題はなくても、細かな差異を捉えるのが難しく、「め」と「ぬ」、「シ」と「ツ」などの形の似た文字を見間違えるといったことが起こります。

短期的視点でサポート

デジタル機器を活用した支援方法も

読みやすくする工夫をしよう

▼道具を使って自己支援

すぐできる工夫は、読みたい部分に**リーディングトラッカー**を合わせ、ずらしながら読むというもの。**ボール紙とカラーセロファンを使って手作りすることも可能**です。文字がぼやけたり重なったりして見える場合、明朝体の文字は見づらい傾向があるため、プリントの印刷時には文字の太さの強弱が少ない書体に変換して負担を軽減する方法も。本書の章扉にも採用している株式会社モリサワが開発した**「UDデジタル教科書体」**はとても見やすく、私も資料作成の際に重宝しています。ICT教育が普及し、**デイジー教科書のようなデジタル教科書**を使用する例も増え、以前は拡大コピーや蛍光マーカーを引いて対応していたことが、タブレットで簡単にできるようになりました。

リーディングトラッカーを使う

楽よみ！しおり

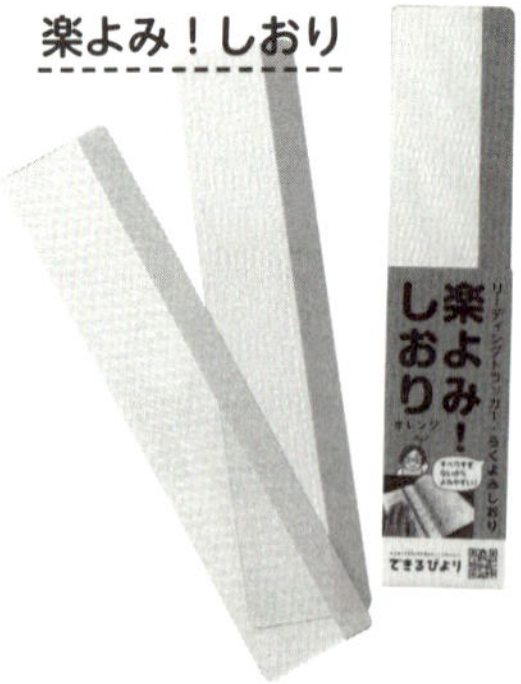

楽よみ！しおり
できるびより

読みたい行がわかりやすいしおり。ザラザラ面を下にするとズレにくく使いやすい。（できるびより）

読みやすい書体に変更する

株式会社モリサワの「UDデジタル教科書体」

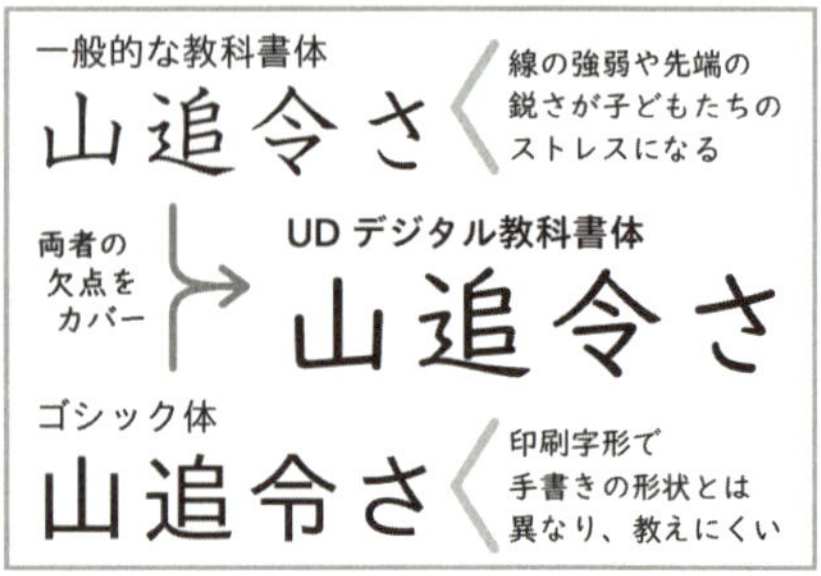

一般的な教科書体
山追令さ
線の強弱や先端の鋭さが子どもたちのストレスになる
両者の欠点をカバー
UD デジタル教科書体
山追令さ
ゴシック体
山追令さ
印刷字形で手書きの形状とは異なり、教えにくい

学習指導要領に準拠。弱視や読み書き障害に配慮されたユニバーサルデザインの書体。（モリサワ）

長期的視点で改善

遠くの物を見る機会が減っている現代
目を使う練習をしてみよう！

▼遊びの中で目を使おう

感覚統合の視点から、眼球運動の改善への取り組みを生活の中に取り入れてみましょう！　たとえば、**凧あげやコマ回し、紙風船やけん玉といった昔ながらの遊び**は、体幹を使い、目で追う動きをたくさん経験できます。現代の子どもたちは画面を見る時間が長く、遠くを見る経験が乏しいので、手元だけでなく、遠くの物を見ることも意識したいところです。他にも、**室内遊びではビー玉コースターや迷路、ペグボード、間違い探し**など、**外遊びでは紙飛行機飛ばしや尻尾取り**といった遊びもおすすめ。遊びの中で動いているものを見る機会を増やすことで、目で追うこと・じっと見ることが徐々に身につくように促していきましょう。

ナンバータッチで目と手の協応

ホワイトボードに数字や絵など、興味があるものを貼り、言われたものを探してタッチします。

吹き戻しで追視の練習を！

先端を目で追う動きを引き出し、息を吹き込むことで身体の中心を意識し体幹を整えられます。

教科学習の
お悩み
02

字を書く練習を始める前に身につけたい力

文字を書く・板書が苦手

インスタの投稿

小学校就学前後の保護者の方から、一番たくさんいただくご相談が「書字」にまつわる困りごとです。実際に我が家の長男も、字を読めるようになってから書けるまでに大きなタイムラグがありましたが、そこにはさまざまな感覚統合的なつまずきが隠れていました。

▼「書くのが苦手」の背景には平衡感覚や固有感覚の課題が

まず、文字を書く段階で確認しておきたいのは次の二つです。**一つ目は、「形を捉える力」がついているか**ということ。ひらがなには縦横の線だけではなく、斜めの線も使われ、似た文字も多いので、細かな差異を捉えることが必要です。漢字になると線の数や部首とつくりの位置など、さらに複雑に。**二つ目は、「文字が書ける手」になっているか**です。手首がしなやかに動くか、きき手と逆の手で紙を押さえられるか、鉛筆を正しく持つために3本指だけでなく、支える薬指と小指が曲がった状態で安定しているか、といったことが大切。黒板の文字を板書するには、これらの力に加えて、遠いところ（黒板）と近いところ（ノート）を見比べながら、書く内容を一時的に記憶して写さなくてはなりません。これらを総合すると、必要なのは、**姿勢を保つ力、見比べる力、左右の手の使い分**

け、目と手の協応、力加減、ボディイメージなど、平衡感覚や固有感覚がベースとなる力です。「書く」というのは、**感覚統合のさまざまな要素が積み重なって育った先にある集大成**なのです。だからこそ、書字が苦手な子に対して、鉛筆を持たせて書く練習をさせるだけでは解決にはなりません。その前に、感覚統合の視点で遊びの中で取り組めることはたくさんあります。次のページからは、実際に我が家の長男が４歳半ごろから実践してきた取り組みと、その後の変化を紹介していきたいと思います。

文字を書く前に日常生活で身体や手を育てよう

記事はこちら

▼外遊びで書字の準備ができるってほんと?

書くことの土台にあるのは、主に「平衡感覚」や「固有感覚」。そこで、まずは姿勢を安定させ、足りない感覚を補えるように、公園遊びでたくさんの遊具に親子でチャレンジしました。ブランコやすべり台、吊り橋の遊具などは、バランスを取ろうとすることで平衡感覚に刺激が入ります。また、**うんていや鉄棒は平衡感覚はもちろん、握り込みや力加減など、手のコントロール力にもつながります**。

▼あえて不便な生活を心がける

家の中ではできるだけたくさん身体や手を動かせるよう意識していました。モンテッソーリ教育の日常生活の練習分野の「おしごと」には、書字に必要な力を育む活動がたくさん含まれています。たとえば、ゆで卵の殻むきやボウルで材料を混ぜることなどは手首や指の動き、左右の手の協応の力が育ちます。**一見書字とは関係ないように見える料理の活動ですが、きき手と逆の手でノートを押さえ、きき手で鉛筆を持って書くという動きは、ボウルで材料を混ぜる動作に近い**です。手を動かさなくてもスマートスピーカーに呼びか

長男の文字の変化
〜爆発的な発達の背景にあったのは？〜

文字を書き始めるまでに身体づくりやおうちモンテの活動に取り組み、年中後半からは書字につながる工夫をしました。実際に書字に明確な変化が現れたのは１年生の秋。この頃、姿勢の安定や運動面の発達（自転車に乗れる、うんていができる）など大きな変化がありました。その後、ひらがなが枠内におさまり、カタカナ・漢字と次々に文字が書けるように。「粗大・微細運動の発達→書字の上達」という順番で、まさに感覚統合のピラミッドが積み上がる感覚があり、「やはり運動の発達と学習面の発達はつながっている」と感じたできごとでした。

目の使い方が向上し、行の間隔やマス目へのおさまり具合も改善

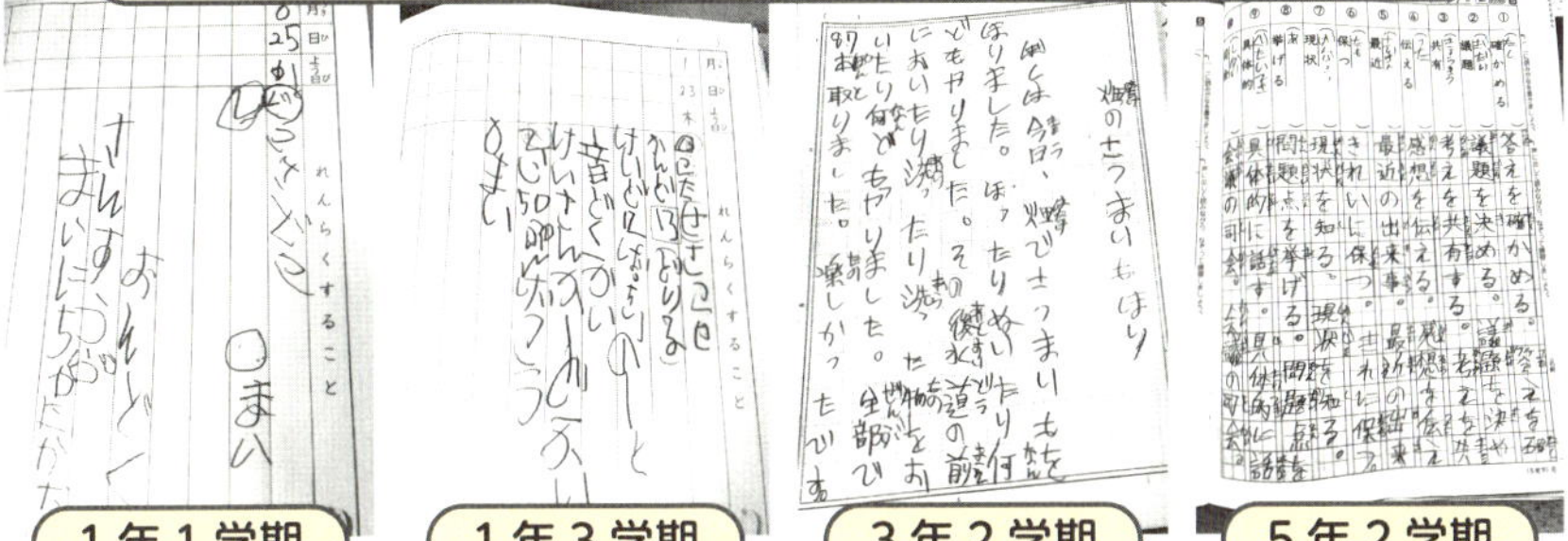

１年１学期　１年３学期　３年２学期　５年２学期

ければ、何でもできる現代。我が家では書字に必要な力を育てるために、あえて〝ちょっと不便な日常生活〟を送っています。例えば……

- **鉛筆削りは手動のものを使う**
- **おかしの袋はあえて子どもに開けてもらう**
- **消しゴムのかすは卓上のほうきとチリトリで集める**

大人にとっては面倒な家事や掃除などの作業も、子どもにとっては慣れてしまえばそんなに面倒ではなく、むしろ楽しいものであることがよくあります。小さな積み重ねが、子どもたちの身体や手先を、そして「できた！」という満足感を育ててくれるのです。

文字を書けるまでにやったこと

実際の取り組みとしては、大きく分けて3つのカテゴリの活動をしてきました。

▼「文字の形の認識」のためのアプローチ

背中に文字を書いてなんと書いたか当てるゲームをしたり、ジオボードやモールを使ってひらがなの形を作る遊びをしたりしながら、触覚を使って文字の形を認識していきました。見る（視覚）だけよりも触る（触覚）ことで、格段に形を捉えやすくなります。

▼「鉛筆を持たずに文字を書く」活動

実際に筆記具を持って書く前に、モンテッソーリ教育でよく使われる砂文字をなぞる活動、サラサラの塩をバットに入れて指で文字を書く、お風呂の鏡に指で文字を書く、ひらがなスタンプを押して単語を作るな

触って文字の形を認識

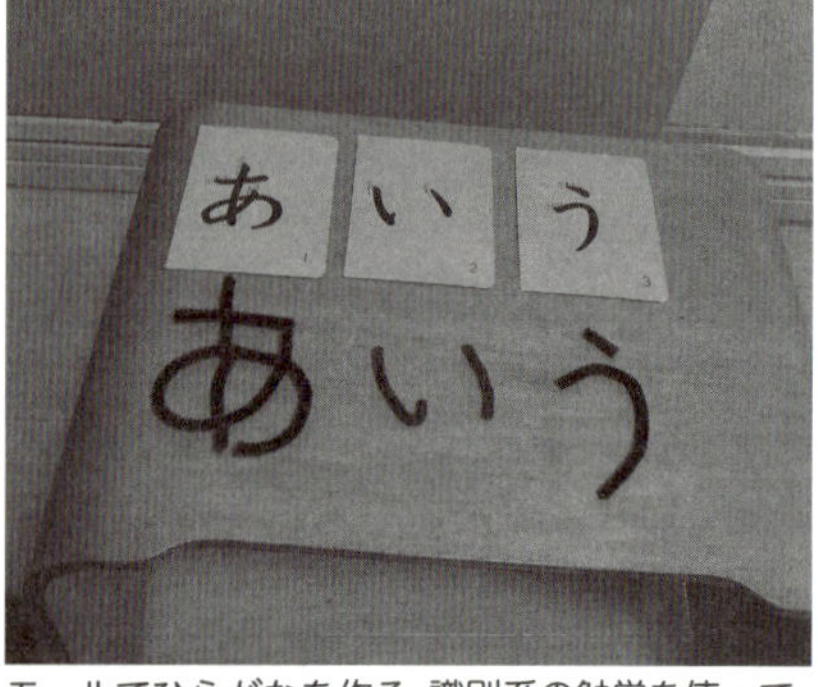

モールでひらがなを作る。識別系の触覚を使って、形の認識をしやすくする工夫を。

鉛筆を持たずに書く練習

『モンテッソーリ式
すなもじ　あいうえお』
朝日新聞出版
筆記具で書くのは高度な作業。まずはザラザラの文字を指でなぞるところからスタート！

ど、書くものを持たずに達成感を得る工夫をしました。

▼「筆記具を持って書く」に挑戦

ここで初めて筆記具を持って書くことに挑戦です！ **くもん出版の書きかたカードを使ってマーカーペンでなぞる（ひらがなやカタカナなど）、半紙やトレーシングペーパーをカードの上に載せて鉛筆で写し書きをする**、という活動で少しずつ難易度を上げ、ステップアップさせていきました。ホワイトボード用マーカーペンは鉛筆よりもサラサラと書け、筆圧が出ない子にも挑戦しやすく、消すのも簡単なので、初めて筆記具で文字を書く際におすすめです。

鉛筆での書字が本格的にスタートしてからは、持ちやすくする工夫をしました。書くことへの負担をできる限り減らせるように、お子さんに合ったサポートグッズを使って、書字が嫌にならないように支援していきましょう！ 下の画像の2点のグッズは我が家の子どもたちも愛用しており、とても重宝しています。

持ち方をグッズで補助

プニュグリップ

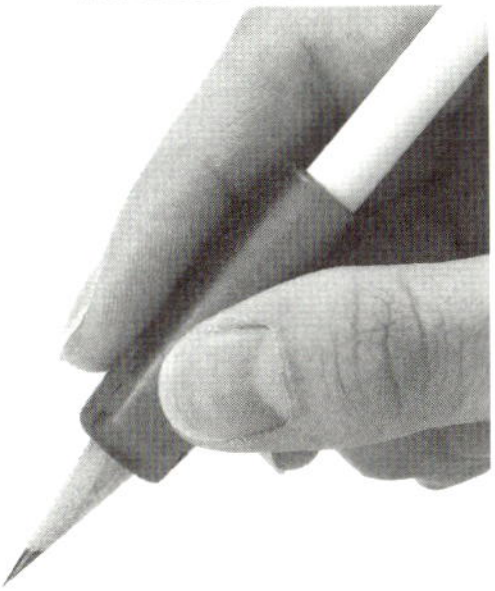

持ち方補助具。指の正しい位置にくぼみがある。(クツワ)

ポジットペンシル

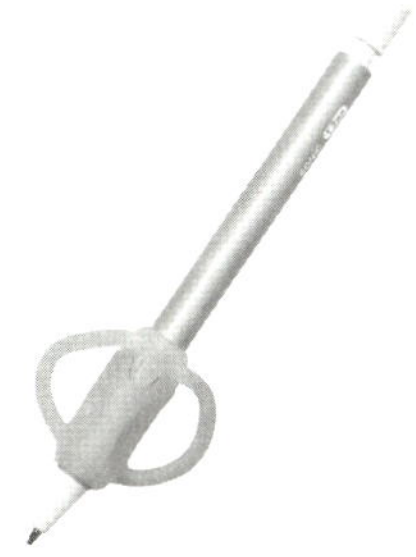

指を入れれば正しい持ち方になる太芯のシャープペンシル。左きき用もあり。(ソニック)

筆記具でなぞり書き

『書きかたカード　ひらがな』
くもん出版
鉛筆より簡単に書いたり消したりできるので、挑戦しやすい！

教科学習のお悩み 03

まずは読み解けない原因を探ってみよう

文章問題が理解できない

どこにつまずいているのかを観察して把握する

読み書きそのものの苦手さとあわせ、問題文を読み解くことが苦手な場合もあります。まずは、文章題を解く過程でどの部分が難しいのかを観察してみましょう。

- **読めても書かれている内容を頭の中でイメージできない**
- **数の概念そのものにつまずきがある**
- **出てきた数字を順番に使って当てずっぽうで式を作っている**
- **「この」「その」など指示語が理解できない**

など、子どもによっていろいろなところに原因があるはず。問題文が短い1年生のうちに、できる限りお子さんの得意・苦手に合った読み解きの方法を見つけてあげられるとベストですが、学年が上がって理解が進むことで、以前は解けなかったものがわかるようになることもあるので、焦らずに思い切ってさかのぼって、できるところから取り組んでいきましょう。我が家も6年生の長男と3～4年生の問題からコツコツ復習をしてきましたが、当時はわからなかった問題もコツをつかんで解けるようになってきています。

子どもの視点では

いちごを10こ かいました。
おかあさんが 3こ たべました。
もんだい
のこりの いちごは いくつでしょうか？
こたえ
13こ
何が
まちがってるの？

問題文をよく読まずに衝動的に解答しているかも

1年生の算数では「まえから５ひきにまるをつけましょう」と「まえから５ばんめのどうぶつにまるをつけましょう」という答えの異なる問題が出てきます。また、高学年になると、「電車に255人乗っています。この人数は電車の定員の0.85倍です。電車の定員は何人？」のような割合の問題も。**「その問題で何が聞かれているのか」を理解することが必要**になります。これは算数だけでなく、他の科目にも言えることです。

具体的な読解サポート方法を見つけよう！

▼理解を促すための具体的な工夫

●黙読では理解が難しいが、自分で声に出して読み上げるとわかる
↓授業中子どもが問題文を音読してもよい環境を整える
●文章を読み上げることが苦手
↓大人が代わりに音読する（聞くと理解できる子も）
●どこを見ればよいか、迷っている様子
↓問題文の注目してほしいところにマーカーなどで線を引き、注意して見るべき場所を示す
●数値を頭の中で想像しにくい
↓マグネットやおはじきなど具体物を使って、手で操作できるようにして援助する

特に小学校低学年の段階では、まだまだ抽象的に物事を考えることが難しい子も多いです。「触って、動かしながら学んでいく」やり方が理解を促すのにおすすめです！

▼問題のパターンを理解できるようにサポートを

例外はありますが、国語も算数も、問題には基本的なパターンが存在します。

●算数↓「あわせて」「ぜんぶで」という言葉が問題に出てきたら足し算
↓「のこりは」「ちがいは」が出てきたら引き算
●国語↓「どうして」「なぜ」という言葉が問題に出てきたら、理由を聞かれているので
「〜だから」と答える

といったパターンを伝え、このキーワードを見つけたら印をつけることを最初のうちに習慣づけておくと、パターンが頭に入りやすいです。高学年になって問題が難しくなっても、自分の力でヒントを見つけやすくなりますよ。

＼教科学習の／
お悩み
04

計算が苦手

具体物で数を理解することが一番大切

数の理解において、何よりも大切なことは**「量」の概念の獲得**です。計算が苦手な子の中には、たとえ**100まで数唱（いち、に、さん……と唱える）はできても、実際に10や100がどれぐらいの量なのか、頭の中でイメージができない**というケースがたくさんあります。2年生の九九でも、暗唱はできても量の概念がわかっていないと、本質的な理解とは言えません。たとえば、九九の並びの順番通りでないと答えられない、2×4は答えられるのに、4×2になるとわからないということも。1～2年生で学ぶ内容は算数の基本なので、ここでしっかり数量概念を獲得しておくことが高学年の複雑な算数問題の理解につながります。**算数は積み上げ式なので、どこかでつまずくとその先の理解は難しい**もの。まずはお子さんの理解が今どの段階にあるのか、しっかり観察してみましょう！

▼数がわかるってどういうこと？

①10個のどんぐりを持ってくることができる（数量）
②いち、に、さん……と唱えられる（数詞）
③10という数字を読み書きすることができる（数字）

インスタの投稿

三者関係の一致

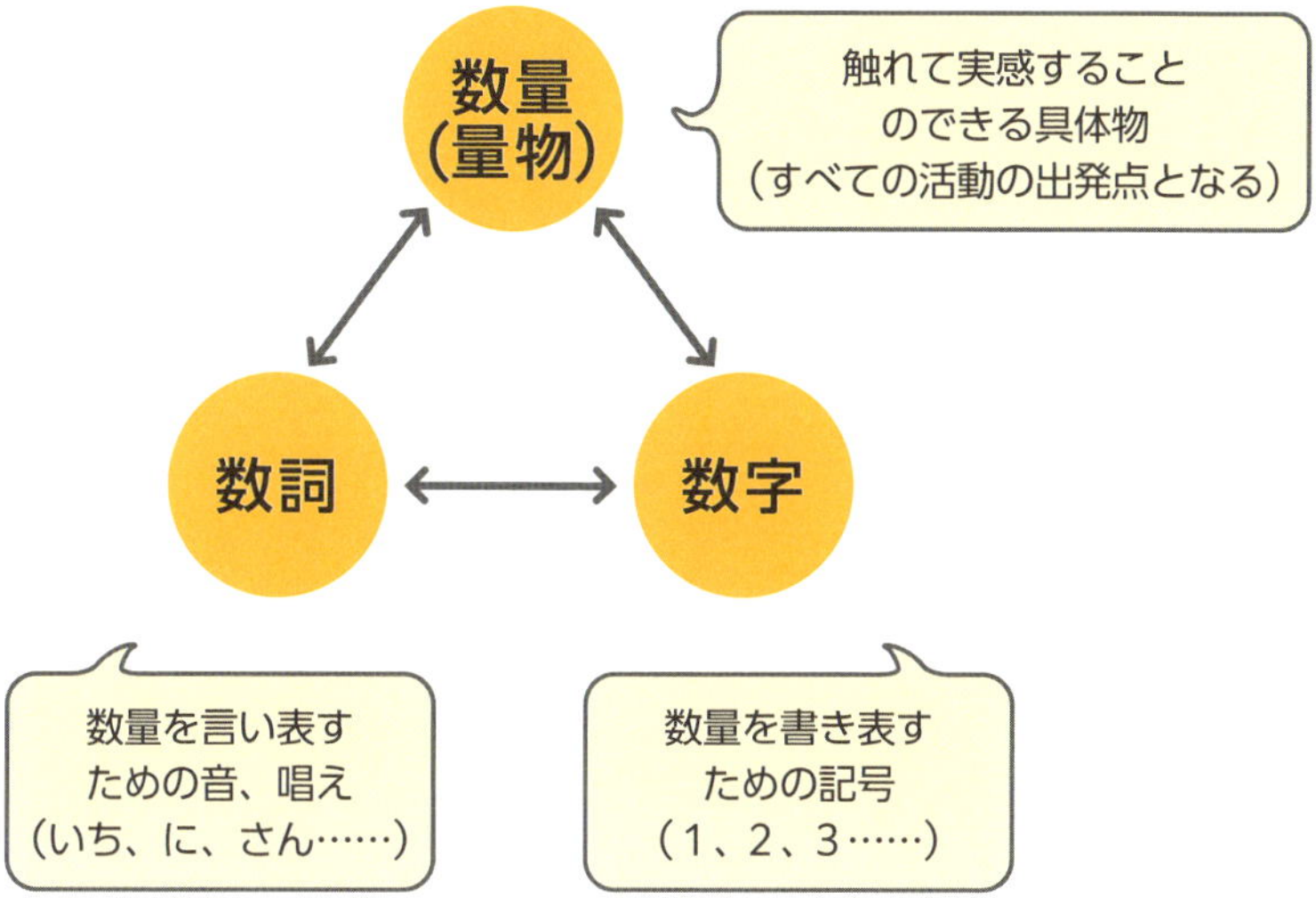

数量概念の獲得とは、この3つ全てができている状態、つまり、**数量・数詞・数字の三者関係が一致している**状態のこと。繰り上がり、繰り下がりの計算が苦手なお子さんは、計算の際におはじきなどの具体物を使って10のかたまりを作ることを意識してみましょう。また、数量概念が育つように、日常生活の中で繰り返し経験していくことが大切です。

- **積み木やトランプなど、見た目や形が違うものを10のかたまりにする**
- **12個入りのチョコの箱から3個食べたら何個になる？**
- **ミニトマトのパックの中身を家族みんなで分けたら一人何個ずつになる？**

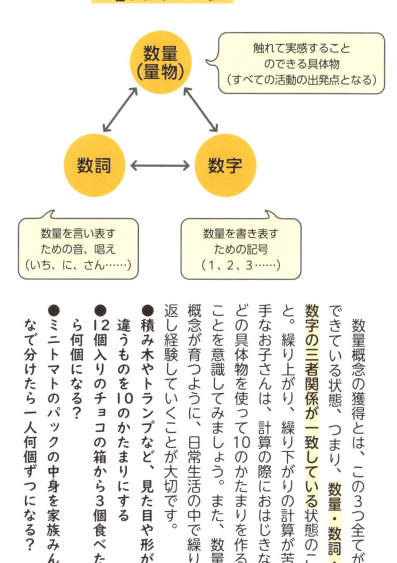

計算以外の作業でつまずいていない？

▼計算をしやすくするツールを導入

計算ドリルは小学校の間、必ずと言っていいほど出される宿題の一つです。**式を書いたり、筆算の線を引いたりする作業に負担がある子には、文房具の工夫と大人のサポートを検討**しましょう。筆算の時に数字の行がずれてしまって、計算間違いをしてしまうのはよくあること。我が家の長男もこれで苦労していました。また、手先が不器用な子にとっては、筆算の式の線を引くのが難しい場合も。今は**見やすいように行ごとに色が変えてあるノートや、筆算用の付箋**なども販売されています（第6章P186参照）。計算本来のところと違う部分でつまずいている場合には、イライラ軽減のためにもサポートグッズを導入するのがおすすめです。

▼「ひとりでできるようになるまで手伝ってね！」

最初のうちは線を引くところだけ親がお手伝いしてもOK、という気持ちでいきましょう。これは**不要な先回りではなく、子どもが計算を嫌になってしまわないようにする必要なサポート**だと私は思います。また、計算ドリルの宿題は1ユニット20問ほどになっていることが多いです。**問題数が多すぎて負担になりそうだと思ったら、先生に相談して、問題数を減らして5問、10問からスタートするのも一つの方法。**その上で、日常生活の中で、いろいろな数を実感する経験が積み重なるといいですね。我が家は親子揃って旅行好き。そこで、動物園でカピバラが何匹いるか数えるところから始まって、今では旅先の最低気温と最高気温を見ておいたり、新幹線の切符の値段を計算したり、お土産が何個入りだと配り切れるか考えたりと、**いろいろな角度からの「数」の経験を積み重ねることを意識**しています。

お出かけ先でいろいろな数に触れよう♪

このタワーは何メートル？
あと３駅で着くね！

\教科学習の/
お悩み
05

視空間認知の苦手さがある子のつまずき

図形問題が苦手

▼算数にも大切な感覚統合の視点

算数では「図形」の分野の学習に苦手さを感じる子も多いです。たとえば、たくさんの図形の中から三角形のみを選ぶ問題では、描かれている三角形が全部同じ向きとは限りません。正しく選ぶには、**向きが違っても同じものと認識できる力が必要**。目をしっかり動かして見比べることが苦手な場合、感覚統合の視点で見ると**「平衡感覚の眼球運動のつまずき**があるかもしれない」と考えることができます。また、線の長さや角度が違っても、**「3本の直線で囲まれていたら全部三角形」という概念的な理解**も求められます。そして、学習が進み、立体の問題が出てくるようになると、**展開図や立体の見えない部分を想像する、さらに高度な空間認識能力**が必要に。日常の生活の中で、**上下・左右などの空間把握が苦手、物を元あった場所に戻せない、折り紙が上手にできない、道順や学校内でのトイレなどの場所を覚えられない、といった困りごと**がある場合に、学習場面では図形分野の苦手さとして現れる傾向が。また、定規やコンパスなどの道具を扱うことが難しかったり、細かい目盛りを読み取れなかったりするケースもあります。

子どもの視点では

日常で空間的な苦手さを感じることはない？

物の形状、色、パターンなどの特徴を識別する力の不足とあわせて、物体の位置、方向、距離などを理解する視空間認知の苦手さは、図形問題への理解を困難にしますが、これらは日常のさまざまな場面でサインとして現れることがあります。図形の問題を練習すれば解決するわけではないことを理解しておきましょう！

見るだけで図形や立体を理解するのは実は難しい

▼触って確かめられる工夫を

図形が苦手な場合、多くは学習場面だけではなく、日常生活の場面でも空間認識のつまずきが見られます。まずは具体物を使って、**触って確かめながら図形や立体に親しめる工夫**をしてみましょう。モンテッソーリ教具にも「幾何学立体」という10種の立体に触れられるものがありますが、より手軽に学べるものとして、Ａｍａｚｏｎなどでも購入できるラーニングリソーシズ社の教材がおすすめ。**立体を実際に触って確かめたり、展開図のように立体を開けるもの、頂点を意識しながら組み立てができるもの**などがあり、我が家も活用してきました。子どもたちは**視覚だけの情報よりも触覚情報があるほうが理解しやすいもの**。プリント学習ばかりを繰り返すのではなく、体感できるよう意識してみてください。

また、折り紙は形を学ぶのにとても良い遊びですが、空間認識が苦手な子にとっては、**紙に描かれた折り方の見本では難しい**ことがあります。時間が許せば、**一つの手順につき一つの見本を作成**し、触って確かめながら折り方を確認できるようにサポートしましょう。

▼道具の工夫でサポートする視点

図形そのものの苦手とあわせて、**図形問題で使われる道具の操作に難しさを抱えているケース**も。たとえば、**定規や分度器、コンパス**などです。定規や分度器などは、**滑り止め付きや目盛りが読みやすく工夫されているもの**を選ぶと良いでしょう。コンパスは**手首や指先の細かな操作力**が必要。不器用さがあり、道具の操作が苦手な子には「スーパーコンパス くるんパス」（第6章P190参照）がおすすめ。従来通りの使い方のほか、手を**グーに握った状態でも円が描ける優れもの**ですよ。お子さんと相談しながら使いやすい道具をうまく活用して、サポートに取り入れていきましょう！

立体の実物に触れられるおすすめ教材

ラーニングリソーシズ
透明立体図形

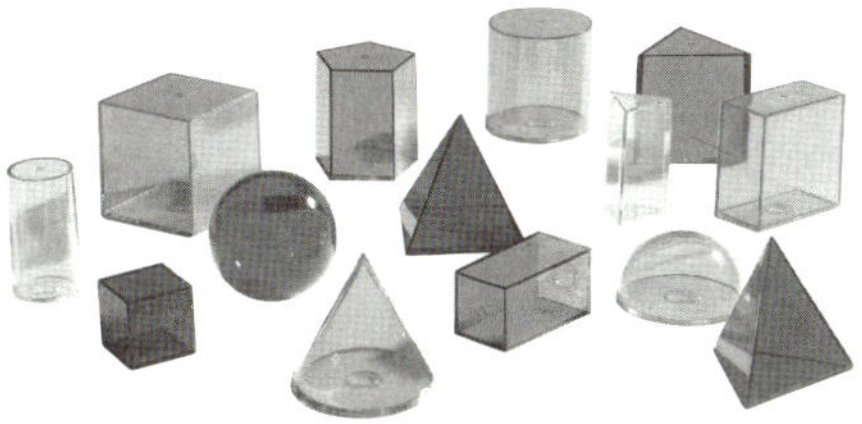

立体に触れて学べる教材14個セット。水や砂を入れて体積の学習にも。（ドリームブロッサム）

ラーニングリソーシズ
挿して繋げて！ 2D＆3D図形を作ろう！

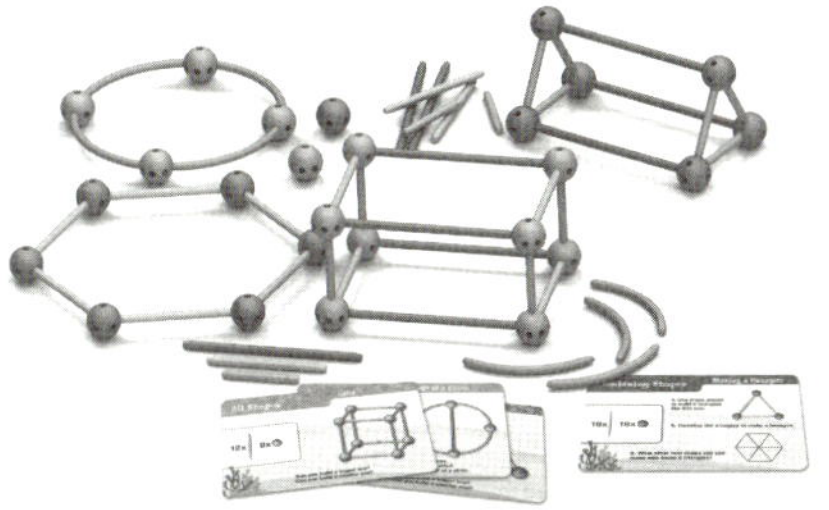

パーツをつなげ2Dや3Dの図形作りが可能。頂点や線の意識付けに◎。（ドリームブロッサム）

\教科学習の/
お悩み
06

図画工作が苦手

のりや粘土が触れない！　手先が不器用！

図画工作は苦手意識を抱きやすい

図工の授業では**紙を持ってはさみで切る**、**紙を押さえながらのりを塗るといったさまざまな目と手の協応動作が必要**です。また、絵を描く際には、できあがりを想像しながら全体の構図を決めたり、人の身体の細かい部分を再現して描いたりすることがあるため、**見通しを立てるのが苦手な子やボディイメージの弱い子は難しさを感じる**かもしれません。そして、**触覚過敏があると、のりや粘土を触ることや絵の具が手につくことに耐えられず**、離席などにつながることも考えられます。図工は**感覚統合的なつまずきがある子にとって、苦手意識を感じやすい分野**と言えるでしょう。学年が上がるにつれて、カッターや彫刻刀を使っての製作、家庭科では裁縫が始まるなど内容が高度化します。道具をうまく使えないことで周りの子から遅れをとってしまい、焦って雑になったり、失敗してしまったりすることも多いため、**取り組んでいる課題がその子の作業速度や手指の成長と合っていない時には、道具を見直したり、手順に工夫が必要**。少しずつ苦手意識を軽減できるよう、子どもの様子をよく観察してサポートしていきましょう。

子どもの視点では

のりを触りたくないのは
触覚過敏の可能性が

原始系の触覚が暴走し、識別系の触覚がうまく使えていない状態（54 ページ参照）です。我が家の長男は保育園時代、専用の濡れタオルを横に準備してすぐに拭けるようにする、のりに食紅で色付けし、「この紙全部に色がついたらおしまいだよ」と終わりをわかりやすくする、という工夫で製作に参加できるように。感覚が育つまでは無理せず、スティックのりを使う、筆を使ってのりを塗るなどの工夫も視野に入れましょう。

短期的視点でサポート

不器用な子にも使いやすい文房具を
やりたい気持ちを後押し！

▼道具を使って一人でできる範囲を増やす

図工で使うはさみやカッターなどの道具は、日常生活でも使う場面が多いので、誰でも使いやすいユニバーサルデザインのものが多く販売されています。うまくできないからとあきらめてしまうのではなく、使いやすい道具を見つけてあげましょう！　子どもは本来みんな、「できるようになりたい！」と思っています。でも、**できないことが積み重なっていくと、「やりたくない」「（どうせできないから最初から）やらない」と自己肯定感を育てることが難しく**なりがち。先生とも相談し、**「手順の説明は口頭だけでなく、箇条書きでわかりやすく書いて示す」**など、**製作の過程での工夫**も必要です。指示を聞き漏らしても次にすることが一目でわかると、安心して取り組みやすくなります。

力加減が苦手な子向けのカッター

Line（ライン）

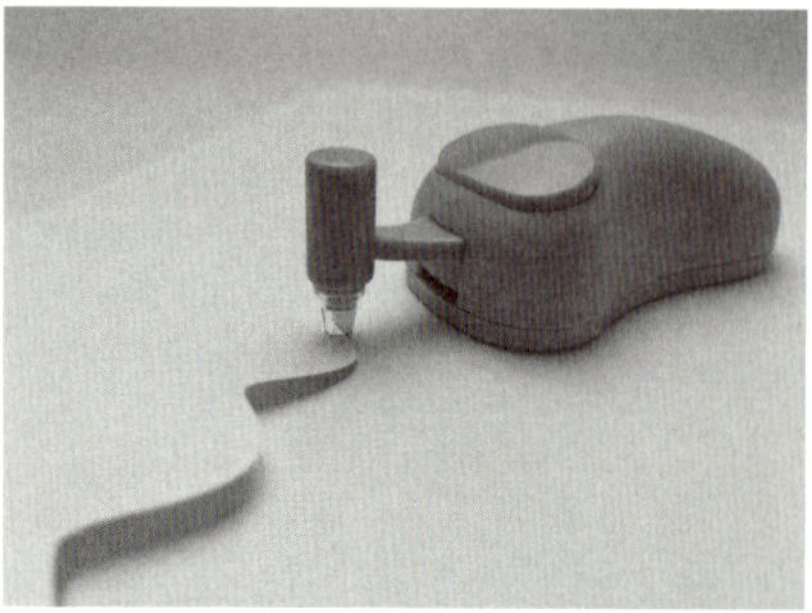

ボタンを押して引くだけで切れる、ユニバーサルデザインのマウス型カッター。（長谷川刃物）

凹凸がついた折り紙を使う

魔法のピタットおりがみ

表面の凹凸加工で滑りにくく、角を合わせやすい。不器用でも取り組みやすい折り紙。（できるびより）

長期的視点で改善

左右の手を使い分けるためには 遊びの中で育つ力が大切

▼遠回りなようで実は大切な動きを知ろう

紙を持ってはさみで切る、紙を押さえて絵を描くといった動きをするには、**目と左右の手を使い分けながら連動させせなくてはいけません。**そのためにはまず**姿勢の中心軸である「正中線」の発達を促すことが大切です。おすすめの遊びはこちら。**

- **トランポリンの真ん中にビニールテープで丸印をつけて、丸から出ないように跳ぶ**
- **ジャングルジムやタイコ橋などの公園遊具で、両手両足をしっかり使って登る**
- **くも歩き、くま歩きのような動物歩きをする**

一見関係ないように見えるこれらの遊びですが、体幹も手もたくさん使うことで、左右の手を使い分ける動作や道具の操作につながっていきます。

「だるまさんが転んだ」でピタッ!

タイミングを見て止まる遊びで、姿勢を立て直す力や中心軸への認識が育ちます。

バランスディスクで体幹強化

好きな曲を流しながら、ディスクの上に数分間立つ。空気を入れる量で難易度を調節してみて。

教科学習の
お悩み
07

運動と日常生活の困りごとはつながっている

体育が苦手

発達が気になる子を育てていると、運動面でのつまずきがあることも多いです。我が家の長男も、ボール運動・跳び箱・なわとびのような協調運動が苦手でした。また、運動会のダンスで先生の動きを模倣することや、みんなと合わせて動くことにも時間がかかりました。体育は週に必ず2〜3時間あります。**座学での学習よりもできないことが目立ちやすい**ので、運動が苦手な子にとっては憂鬱な時間となり、**自己肯定感が下がってしまうことも考えられます**。

▼なぜ動きがぎこちないの？

このような**動きのぎこちなさの原因に、平衡感覚や固有感覚のつまずき**があることも。平衡感覚はバランス調節機能に加え、ボールなどスピードのあるものを目で捉える眼球運動とも関わっています。また、ダンスなど動きの模倣には関節の角度調整が必要。固有感覚が未発達な子にとっては手と足の動きの模倣はハードルが高くなります。

▼ボディイメージの未熟さも

運動が苦手な子には、基礎感覚のつまずきとあわせてボディイメージの未熟さも見られます。自分の身体の輪郭やサイズ感、身体の傾き具合などが実感しにくいことで、運動だけではなく、**友達との距離感をつかみづらい、傘をさしても背中や肩が濡れる、ランドセルを一人で背負うのが難しいといった困りごと**が出てくることが。日常生活でつまずきを抱える子に、鉄棒での逆上がりや6段の跳び箱に挑戦させては苦しいばかり。まずは、どんなつまずきがあるのかを丁寧に観察し、できることから始めましょう。4歳半から感覚統合のアプローチを続けた長男は、6年生でクロールと背泳ぎをマスターし、野球のバッティングの練習ができるまでに。遠回りのようで近道なのが感覚統合のアプローチです。

短期的視点でサポート

ボール投げ、縄とび、逆上がり……

感覚をつかむための補助を

▼ボール投げの動作をスムーズに

ボール投げには手足の一連のスムーズな動作が必要で難易度高め。丸めたタオルや、ソフトタイプのボールを使ってつかみやすくすると、途中で落とさずに投げられます。ボールに当たるのが怖い子のキャッチ練習にもおすすめ。蹴る練習もソフトタイプのボールから始めると、痛くないし、どこに飛んでも安心です。

▼道具や自分の動きが見える工夫をする

我が家の長男は縄とび練習の時に、「縄が消えてわからなくなる」と話していました。背中側に縄が回った時の感覚がつかみづらいようだったので、姿見の前やガラスに自分の姿が映る場所で練習をすることで、縄の動きが可視化されてとび方が安定しました。

苦手でも楽しくとべる工夫がいっぱい

とびなわキング

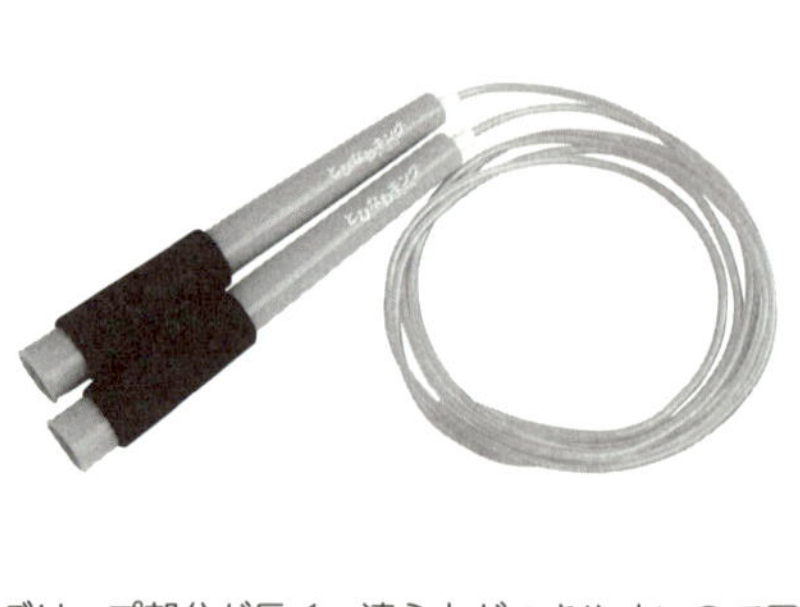

グリップ部分が長く、遠心力がつきやすいので回しやすい。（教育技術研究所）

逆上がりのコツがつかみやすい

鉄棒くるりんベルト　※必ず大人が付き添って使用してください

鉄棒に近い位置で腰が固定され、わずかな補助で成功へ導いてくれます。（教育技術研究所）

長期的視点で改善

自分の身体を思い通り動かすために
動きをバラして遊びに入れる

複雑な協調運動も、土台になるのはやはり基礎感覚の育ちです。そのために次のような遊びがおすすめ。

いろいろな姿勢で動きを引き出そう

●とび箱が苦手

↓しゃがんで床に手をついた状態でカエルのように両足をあげてジャンプする

とび箱で手をつく動きにつながります。床でするのが難しい場合は、机や椅子に手をついてやってみて。

●そっと動くことが苦手

↓床に一本線になるようビニールテープを貼り、線の上をソロリソロリと忍者のように忍び足で歩く

慣れてきたらおたまにピンポン玉を載せて落とさないように歩くなど、家にあるアイテムで工夫してみて。

吊るしたボールにタッチ

タイミングを見計らってボールにタッチ。揺れるボールに当たらないように避ける遊びもおすすめ。

プールスティックでチャンバラごっこ

プールスティックを振り下ろす遊びで、ボール投げの際の肩関節の大きな動きの練習に。

パパママ相談室

Q 文章問題に慣れるのにおすすめのドリルは？

りっきー

A 第4章で文章問題の理解に関するお悩みについてお伝えしましたが、我が家の長男が取り組んだドリルの中で「これは本当に良かった！」と感じたものを一つご紹介。それはGakkenの『おはなしドリル』シリーズです。どの教科にも大切になってくる国語力。でも長すぎる文章だとやる気をなくしてしまっていた長男が、このドリルで少しずつ読解できるようになっていきました！

ここが良かった『おはなしドリル』

良かった3つのポイントは、**①見開きで読み終わる、程よい文章量②好きなテーマのお話が読める、③スモールステップでレベルアップできる。**詳しくはQRコードから記事を読んでみてください♪

記事はこちら

まとめ

お子さんの好きなテーマを選び、短めの文章で解き方のコツをつかみましょう！

第5章

高学年ならではのお悩み編

高学年のお悩み 01

個人差＋特性による困難さが重なる「10歳の壁」

空気が読めない子と思われてしまう

小学校3～4年生頃は発達段階的に見て「ギャングエイジ」と言われます。個人差はありますが、反抗期・思春期が間近に迫り、低学年の頃のように学校でのことを保護者に教えてくれなくなるので、様子がわからずヤキモキする場面も増えるかもしれません。低学年の間は、家が近所・席が隣など偶然近くにいた子と遊びますが、中学年以降は**気の合う仲間でグループを作って遊ぶ**ように。仲間意識が強まり、つながりを大事にするが故に、**大人に反抗的な態度をとったり、グループ外の子を排除しようとするトラブルが起こる**こともあります。また、運動能力が飛躍的に伸びる一方で、個人差も顕著になる時期です。自分や物事を客観的に捉えられるようになることで、**他者との違いに悩み劣等感を抱く**ことも。学習面では、算数では分数や小数が出てくるなど、**抽象度が高くなり、ついていくのが難しくなる**子も現れます。これがいわゆる「**10歳（9歳）の壁**」です。

▼うちの子、空気が読めない？

我が家の長男は実年齢より幼く、特性からも**他者との間の微妙な空気感や距離感を読み取ることが苦手**。大人相手だと意図を汲み取ってもらえても、友達相手だとそうもいきません。低学年の頃は、上級生と一緒に遊びたい気持ちをうまく表現できずに相手を怒らせてしまい、追いかけてくるのを「遊んでくれている」と勘違いしたことも。同学年のお友達との仲を、学校や放課後等デイサービスの先生に取り持ってもらうことも多かったです。また、高学年になるとコミュニケーションが高度化して、相手の思いやりが理解できない、相手を傷つけないための社会的な対応が難しいといった新たな課題も。必要に応じて大人がサポートをすることが大切です。長男は6年生になった頃から、見通しを持って計画したり、集団の中での立ち位置を理解しようとしたりと、10歳の壁に向き合い、少しずつ乗り越えようとする様子が。マイペースでも成長するので、一緒に頑張りましょう！

高学年のお悩み02

SSTで適切な距離感や関係性を学ぶ

高学年なりの「適切な距離感」がわからない

私たち親世代の子ども時代と異なり、共働きの増加や環境の変化、近所付き合いの希薄化などにより、子どもだけで外で遊んだり放課後を過ごしたりする機会が少なくなっている今の世の中。このような状況の中、**実践で学ぶ機会が減った他者とのやり取りをわかりやすい形に取り出して学ぶ方法として、「ソーシャルスキルトレーニング（SST）」**があります。児童期に知っておくと良いソーシャルスキルには、**挨拶や自己紹介の仕方・話の聴き方・誘い方・謝り方・断り方・ヘルプの出し方・相手の言葉への反応の仕方**などがあります。自然と身に付けば苦労はしませんが、特性のある子にとっては難しいことも。そこで、まずは**大人がお手本を見せてやり方を伝え、少しずつコミュニケーションの取り方を練習して、適切な関わりができるように**促していきます。どんな場面でSSTが必要になるかはその子の理解力や経験値、一般的な知識の有無などによりますが、普段の人との関わりに加えて**性教育的な観点からも大切**なことだと感じています。**性暴力などの被害者にも加害者にもならないよう、自分の身を守りつつ、悪気なく道徳的にNGなことをしない**ためにも、長男の子育てに取り入れてきました。

▼年齢によって変わる「適切な距離感」

昔から知っている**友達や先生など身近な関係でも、年齢が上がるにつれて距離感は変わっていきます**よね。また、幼い頃は誰に対しても同じ口調で話していたけれど、一定の年齢になると、先生など目上の人に対しては敬語を使うように。このように**相手が同じでも、年齢や場面が変わると接し方が異なるという暗黙の了解がわかりづらいこと**はよくあります。明文化されていない社会的なルールは、会話の流れを絵と文字で示したコミック会話を使ったり、ＯＫからＮＧまでの段階を示したりして理解を助ける工夫が必要です。

保護者以外の第三者と対人ルールを学ぼう

▼思春期に大切になる身近な大人の存在

長男とのSSTは、低学年の頃から本などを見て少しずつ内容を取り入れていました。ただ、高学年が近づくにつれて、子どもも成長して、保護者には言いたくないことも出てきます。そこで、お世話になっている放課後等デイサービスの方に相談し、**対人境界や暗黙のルールを理解できるように、視覚的にわかりやすいフォーマットを作ってもらって実践**してきました。高学年以降は、センシティブな話題ほど家庭でのやり取りだけでは反発を生むことも出てくるので、**保護者以外の信頼できる第三者の大人の存在がキー**になると感じています。学校での自立活動や通級の時間などに定期的に先生に対応してもらえるのであれば、より一層身につきやすくなると思います。長男の場合、**日常生活の中で「あ、これは！」という場面が出てきた時に、フォーマットを使って振り返ったり、望ましい行動を一緒に考えたり**してもらいました。取り入れ始めてから数ヵ月で、何かをする前にいったん立ち止まってレベル1や2の行動（左図参照）を実践したり、良くなかった行動を振り返ったりできるように変化してきています。

自分の行動を5つのレベルに分けてみよう

放課後等デイサービスの先生に協力してもらい、下記のようなフォーマットを作成。実際に起こって困ったできごとや、線引きが曖昧で理解しにくい場面を取りあげて、SST を実施しています。

レベル	どんな行動のこと？	行動の例
レベル１	◎ してもいい行動	挨拶
レベル２	○ 相手と約束していたら してもいい行動	招待された時間・ 場所に行く、 ルールを守って 仲間と遊ぶ
レベル３	× 人を嫌な 気持ちにさせる行動	急に話しかける、 大きな声で話す、人前で プライベートなことを 周りに聞こえるように話す
レベル４	×× 人を怖がらせる行動	じろじろ見る、 ずーっと見る、暴言
レベル５	××× 人を傷つける・ ものすごく怖がらせる行動	たたく、蹴る、 触る（特にプライベートゾーン）

作成協力：大阪府某市放課後等デイサービスH

参考書籍：『レベル５は違法行為！自閉症スペクトラムの青少年が対人境界と暗黙のルールを理解するための視覚的支援法』
著：カーリ・ダン・ブロン／訳：門眞一郎／明石書店

家庭や支援の場で使える！「自分や他者の気持ちとの向き合い方」がわかる本

『10才からの気持ちのレッスン』
黒川駿哉／アルク
自分や相手の気持ちにどう向き合っていくのかを考えることができるワークブック形式の本。

高学年の
お悩み
03

生理・夢精・自慰行為……第二次性徴期のサポート

特性がある子の性教育

昨今、「3歳からの性教育」といった言葉が聞かれるようになり、学校での性教育についても議論が起こるなど、転換期を迎えています。一方で小学生の保護者からは「これまで何もしてこなかった」という声が届くことも。我が家の取り組みはというと……

●幼児期から汚れた下着は自分で洗う
●母親の生理による体調不良は包み隠さず伝える
●小学生以降は、子どもが自分で読める性教育の本を本棚に準備し、質問があれば答える

といったことを意識して実践しています。加えて、私は長男にとって異性の親なので、思春期を迎えたら話をすることは難しいかなと思い、**先を見据えて、小学校入学時に性教育のプログラムがある放課後等デイサービスを探しました**。実際に、プライベートゾーンについての意識づけは低学年から活動の中で自然としています。また、第二次性徴や生理、射精・夢精などについても、本人のタイミングに合わせて伝えてくださるとのことです。

▼特性を考慮した性教育を

発達が気になる子の性教育では、特性からくる難しさを理解した上で、準備や話し合いをしましょう。たとえば……

●触覚過敏で生理の血やナプキンの感触が気持ち悪い、ブラジャーのワイヤーが辛い
↓身につけられる素材のナプキンや吸水ショーツ、下着をあらかじめ探す

●場所や状況に応じた行動が難しく、人前で性器を触ってしまう
↓自慰の禁止はせず「人前ではなく、自室など適切な場所でする」などルールを徹底

映像などから過激で誤った情報を取り入れてしまう前に、子どもが正しい知識を身につけられるようにサポートするのは保護者の役目だと感じています。家族だけでは難しい場合、性教育に取り組んでいる第三者の力を借りることも視野に入れて準備しましょう。

＼りっきーのインスタグラムにて実施／

性教育のアンケート

Q. おうちで性教育していますか？
(285名回答)

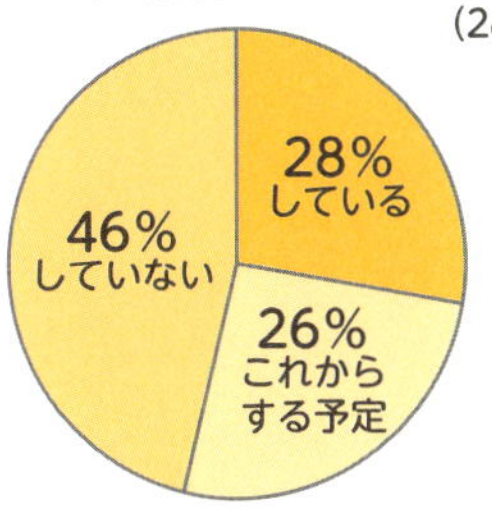
28%
している
26%
これから
する予定
46%
していない

Q. 何歳から性教育をしていますか？
(182名回答)

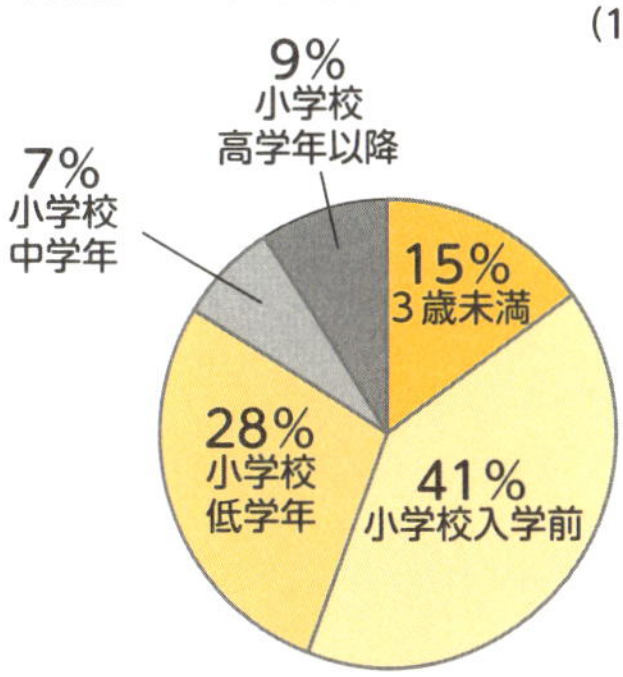
9%
小学校
高学年以降
7%
小学校
中学年
15%
3歳未満
28%
小学校
低学年
41%
小学校入学前

Q. 家族以外で性教育を一緒にできそうな関係者はいますか？
(231名回答)

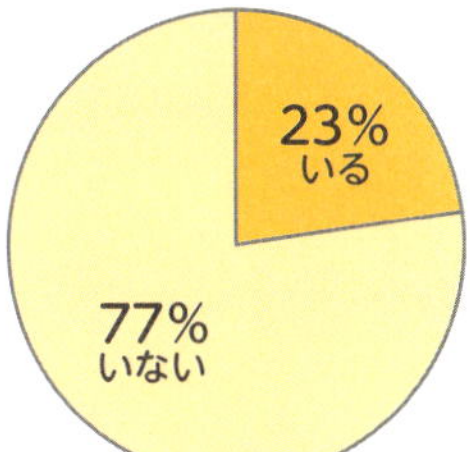
23%
いる
77%
いない

Q. 性教育の悩みは？

「時々性器を触っていて気になる」「いつから教えるべきか」「教えたことを空気を読まず外で話さないか心配」「被害者にも加害者にもしたくない」

高学年のお悩み

04

年齢に応じたルールを一緒に決めよう

スマホ・SNSトラブルを防ぎたい

昨今のスマホやSNS使用の低年齢化により、子ども同士のコミュニケーションはますます大人から見えづらくなっています。曖昧な感情や言い回しを少しずつ理解していく時期ですが、文字だけでのコミュニケーションで言葉の背景を読み取ることはまだまだ難しく、トラブルの元にもなりやすいもの。最新のデータによると、自分専用の携帯電話を持っている割合は小学5年生で過半数、6年生では64%に達しています（※3）。もはや避けては通れないツールだからこそ、**トラブルや依存を避けるためには、子ども用の年齢制限やフィルタリングの設定、使い方のルールづくりとあわせて、子どもにもデメリットやリスクを説明し、理解を促しながら使用させることが大切**。特に小学生の間はトラブルを未然に防げるように、年齢に応じたルールを家族で考えておきましょう。たとえば……

- **アプリのダウンロードは大人がする**
- **LINEなどのチャットツールは親が見られる状態にする**
- **夜寝る時にはリビングに端末を置いておく（寝室に持ち込まない）**

などが考えられます。ちなみに小6の長男は、本人が欲しいと特に言っていないので、携帯電話はまだ持たせていません。普段は子ども用スマートウォッチを使って、GPS機能での位置確認や、チャット機能でのやり取りを行い、留守番時はスマートスピーカーで自宅にいる長男とビデオ通話をして連絡をとっています。キッズ携帯や一部のGPS端末に搭載されているメッセージのやり取り機能は、本格的にSNSなどでのやり取りを始める前に、家族内で練習ができる良いツールだと思います。一定のルールの中、便利なアイテムを気持ちよく使えるよう親子で勉強したいですね。

高学年になったら読ませたい本

挨拶や身だしなみなど、思いやりの気持ちを大切にしながらマナーを学べる本。

『学校では教えてくれない大切なこと (9) ルールとマナー』
絵：関和之（WADE）／旺文社

今日からできる５つのジャンルの具体的なミッションや、「なぜやるのか」を示してくれます。

『10歳のミッション キミを一生ささえる31の行動』
齋藤孝／幻冬舎

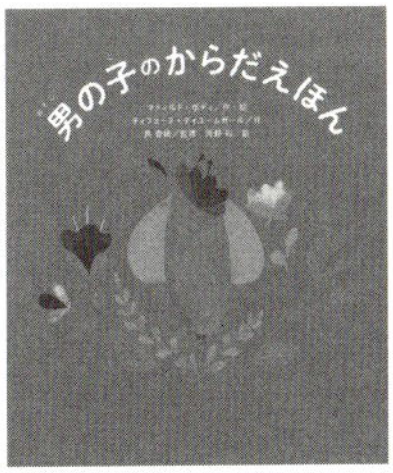

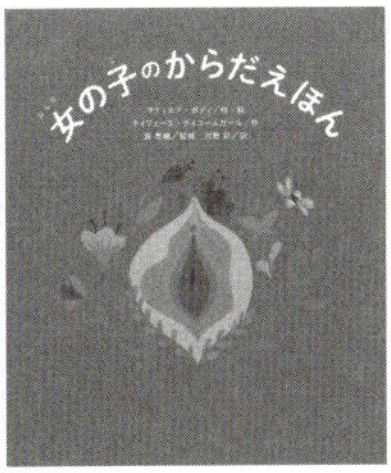

『男の子のからだえほん』 **『女の子のからだえほん』**
作・絵：マティルド・ボディ、作：ティフェーヌ・ディユームガール／監修：艮香織／訳：河野彩／パイ インターナショナル
身体の構造、性自認、性的同意などについて、タブーなく正確に教えてくれるユネスコ認定の性教育本。

高学年のお悩み
05

まだ先と思わず知っておきたい将来のこと
中学・高校の進路選択・相談・準備

小学校入学前や低学年なのに、もう中学・高校の話？　と思われる方もいるかもしれませんが、**小学校の情報以上に、中学校以降の情報は集めるのが大変！**　動き出すのは早いに越したことはありません。我が家は中学進学に向けて4年生頃から具体的な情報収集や学校見学、教育委員会への問い合わせなどを重ねてきました。地域差はもちろんありますが、具体的にどのような進路があるのかは左の図を参考にしてみてください。

▼親世代の教育とのギャップ

私たち子育て世代が学生時代を過ごした頃から、教育を取り巻く環境は大きく変わりました。一本道のようだった親世代の進学と比べ、今は通信制の学校やフリースクールなどを含め、驚くほどたくさんの選択肢があります。6年生になり、実際に高校の情報収集を始めましたが、**「我が子に合いそうな進路を見つけるのは大変だけど、意外とたくさん選択肢はある」**という事実は、私の心を少し軽くしてくれました。変化の速い時代なので、これから小学校に入る子どもたちが中学・高校入学を迎える頃にはまた状況は変わっているかもしれませんが、早めにアンテナを張り、情報収集を始めましょう！

中学校	→	高校等（中学卒業後の進路）
① **公立中学校の通常学級・通級制度** 公立高校を目指す場合、内申点を考慮して選択するケースも多い		全日制普通科高校（公立・私立）
② **公立中学校の特別支援学級** 少人数でカリキュラムに柔軟性を持たせて学習ができる		専門高校（実業高校）
③ **学区外の中学校** 校区の学校に特別支援学級や通級がない場合の選択肢の一つ		単位制高校
④ **特別支援学校の中等部** 身辺自立や作業等、就労を見据えて生活面での支援を重視し、本人のペースでゆったりと学べる		定時制高校
⑤ **私立の中高一貫校** 特色のある学びや発達障害の受け入れ実績・配慮があるケースも		通信制高校
⑥ **フリースクール・ホームスクール** 通学が難しい場合などの居場所に（在籍は地域の公立中学校となる）		チャレンジスクール（東京都）、エンパワメントスクール（大阪府）など都道府県独自のコース
		高等専修学校
		特別支援学校高等部 高等特別支援学校
		高等専門学校（５年制）

高学年の
お悩み
06

日本の発達支援はどう変わるべき？

進学、就職……我が子の将来が不安

▼日本の発達支援には連続性がない？

以前、私が連載を執筆する講談社のメディア「with class」で、元小学校教諭で発達支援コンサルタントの小嶋悠紀先生と対談をしました。その時痛感したのが「日本の発達支援には、進学や就職までの包括的支援という視点が不足している」という現実。保育園から小学校に上がると支援や配慮が少なくなることは私も感じていましたが、中学校→高校と進学するにつれさらに顕著に。小嶋先生は、海外の特別支援教育の視察も重ね、発達支援に国家としてお金と力を注ぐ重要性を実感したそうです。

【アメリカの学校の発達支援】（※全ての地域に当てはまるわけではありません）

●学校内に専属の言語聴覚士、作業療法士、理学療法士、カウンセラーがいる

●学校内に子どもの行動改善を促す「Behavior Specialist（ビヘイビアスペシャリスト）」がいる

●支援学校は街の中心に建てられ、障害を持つ子も自然に街の一員として受け入れられる

【日本の学校の発達支援】

●学校現場の中に支援に関わる専門職が入ることはまだめずらしい

●高校からは（一部通級制度があるが）特別支援学級がなくなる

●中学、高校、就労までのサポートなどについて学校が持っている情報が少ない

特に義務教育ではない高校以上での発達支援は、日本では未整備。一方で、２０２１年の野村総合研究所の調査（※４）によると、**発達障害と診断された人は国内に推計約140万人**、グレーゾーンも入れるとさらに多くの人が困難を抱えながら奮闘しています。同調査によると、**発達障害者の人材未活用による労働関連経済損失は1.7兆円**になるそう。未就学〜高校・大学卒業まで切れ目なく支援される体制作りが急務です。

小嶋悠紀先生×りっきーの対談記事

コラム１

「我が子に“発達障害”の診断が下りて、ほっとした」

コラム２

「発達障害のある子が伸びる声かけ・褒め方・叱り方とは」

コラム３

「進学、就職……発達障害がある我が子の将来が不安。発達支援はどう変わるべき？」

小嶋悠紀先生のインスタグラム：
教えて！こじてぃ @oshietekojit

発達が気になる子の進路の本

『改定新版 特別支援教育が専門の学校心理士SVだから知っている特別支援が必要な子どもの進路の話』
山内康彦／WAVE出版
18歳を見据えて進路を考えるためのヒントが満載！　繰り返し読みたいおすすめの本。

パパママ相談室

Q うちの子、ギフテッド？ 情報が少なくて困る！

りっきー

A

発達に凸凹のある子の中には浮きこぼれていて、集団生活で苦労する子もいます。**IQが高いと、困りごとをなかなか理解してもらえない、相談しにくい辛さ**も。我が家の次男にはその傾向があったため、年長でWISC（知能検査）を受け、**入学前に学校に伝えて手立てを考えました**。ただ最近は関連書籍（巻末参照）も増え、文部科学省でも「特定分野に特異な才能のある児童生徒への支援」の議論が活発になってきています。

経験者の発信を参考にしてみよう

ギフテッド単独の他、発達障害をあわせもつ2E（二重の特別支援を要する）の人もいます。SNSのX《エックス》には当事者の発信も多く、参考になりますよ。我が家の次男の話はQRコードのアメブロ記事から。

ブログはこちら

まとめ

共感を得づらいギフテッドへの支援。当事者団体や経験者のエピソードをヒントに！

第6章

学校生活＆学習サポートグッズ編

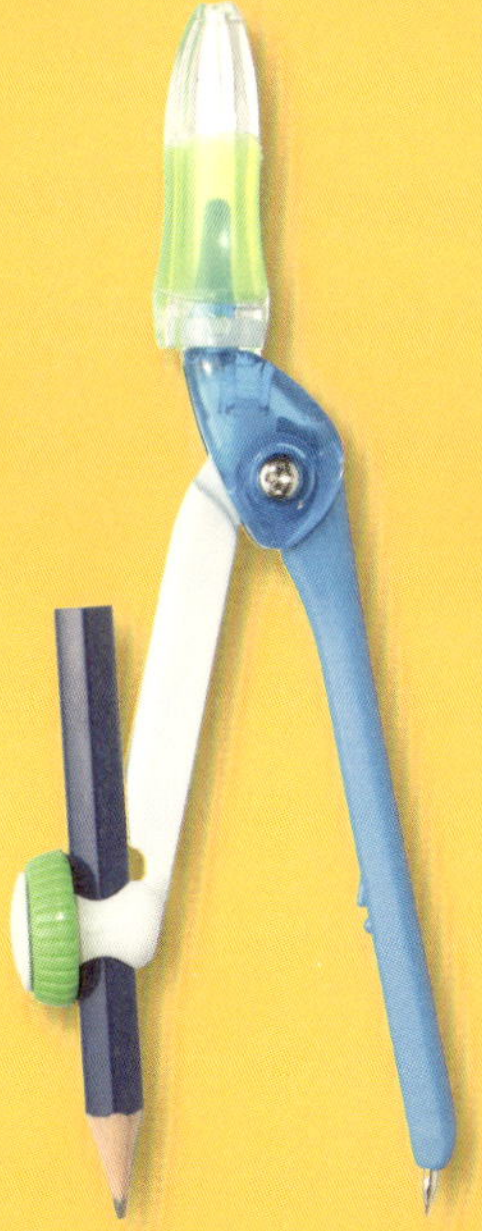

学習サポート

グッズ

01

姿勢を育てる「p!nto kids」

姿勢が悪くてまっすぐ座っていられない

こんな困りごとに

・学習中に猫背、姿勢が崩れる
・授業で 45 分間座り続けるのが難しい

注目ポイント

・作業療法士が考案！ 正しい姿勢へ
・余計な力を使わず楽に座れる

骨格バランスを整え、正しい姿勢へ導くクッション

骨格や内臓が目まぐるしく成長する12歳までの時期に、良い姿勢を身につけることはとても大切。でも、学習時間が長くなる就学期からは、猫背などの気になる姿勢が癖になりがちです。p!nto kidsは、作業療法士が幼少期の子どものことをとことん考えて作ったクッション。独自の技術で、**肋骨・骨盤・脚の支持面がその人に快適な位置を見つけだして身体に作用**するため、座ると身体に添うような感覚があって、**無理なく自然で、正しい姿勢へ**と導きます。体重がかかる太もも裏、座骨、背骨も包み込むような形状のシートでしっかり支えてくれます。

▼子どもの姿勢が自然と育つ

我が家では長男が年長から自宅で愛用し、入学時に追加購入して学校にも持ち込み6年間使用中。カバーは洗えるので汚れても安心！　長時間座ることが苦手でしたが、支えられる感じが座りやすくて、お気に入りのようです。自宅ではリビングで学習と食事の際に使用していますが、**背筋が伸びて長く座っていても姿勢が崩れにくい**と実感しています。

p!nto kids（ピントキッズ）

価格／13,750円（税込み）
サイズ／W380㎜ × H380㎜ × D380㎜
推奨身長／110 ～ 145㎝
素材／クッション：ポリウレタンHRフォーム　カバー：ポリエステル
カラー／red × navy、orange × blue、
pink × blue、lime green × navy、light blue × yellow
発売元／株式会社ピーエーエス
https://pin-to.net/　☎072-727-0521

学習サポート
グッズ
02

椅子に座ってもソワソワと落ち着きがない

センサリーツール ふみおくん

こんな困りごとに

・45分座っていられず授業中に離席する
・感覚刺激が欲しくて、手元で他のことをする

注目ポイント

・感覚刺激が入るとむしろ落ち着きUP
・学校の椅子にもぴったりのサイズ感

我慢させるのではなく、必要な感覚欲求を満たすのが大事

子どもたちが必要とする**感覚刺激を自ら入れることで、着席時のソワソワ感を落ち着かせ、集中力の向上に役立つ**アイテムです。授業中、落ち着きがない子の中には、平衡感覚や固有感覚鈍麻の子がいます。「センサリーツール ふみおくん」は、学校の椅子の脚に簡単に装着でき、**足をのせて踏んで使用することで感覚欲求が満たせます**。使っている時に大きな音もしないので、クラスメイトの学習の妨げにならず、足元にあって目立ちにくいので、学級の中での環境調整にぴったりです。

▼子どもの姿勢が自然と育つ

我が家では数年前から愛用中。私と長男は平衡感覚と固有感覚鈍麻なので、リビングの椅子につけて使用しています。**座っていると思わず踏み踏みしてしまう心地良さ**です。かといってこの刺激に没頭してしまう感じではなく、これがあることでむしろ食事や勉強など、**やるべきことに集中できる感覚**。シリコンゴム製で弾力があって丈夫なので、数年間使用していますが、へたることもなく活躍しています。

センサリーツール　ふみおくん

サイズ／長さ約53㎝×幅約3.5㎝×厚さ約0.8㎝
材質／シリコンゴム（日本製）
カラー／ブルー、レッド、グレー
製造／センサリーツール研究所
販売元／教育技術研究所
https://www.tiotoss.jp　☎0120-00-6564

学習サポート
グッズ
03

時っ感タイマー&ラーニングタイマーS

切り替えや時間管理が苦手

こんな
困りごとに

・時間管理が苦手
・切り替えられなくて癇癪を起こす

注目
ポイント

・直感的に理解しやすい表示や音
・子どもでも簡単に操作できる

視覚的にわかりやすいタイマーで自分で行動を切り替える練習を

小学校に入ると、時間で区切られて行動することが格段に増えます。切り替えの意識づけや学習場面での時間感覚を身につけるには、タイマーが有効です。慣れたら自分でセットする練習もしてみましょう。

▼時間の経過を視覚化するトキ・サポ 時っ感タイマー

トキ・サポ 時っ感タイマーはダイヤルを回してセットするタイプ。時間の経過が色面でわかりやすく示され、時計が読めない子でも直感的に理解しやすいです。色面が減るのが見えて、切り替えが苦手な子もあと5分でおしまい、など心積もりをして予測を立てやすいのが魅力。

▼音と光で知らせるラーニングタイマーS

カウントダウン機能で、時間になると音と一緒に青色に光って知らせてくれます（消音モードもあり）。そのほか、カウントアップ機能もあり、問題を解くのにかかった時間もわかります。画面の傾きが勉強中にも見やすい45度になっている点も、使いやすくおすすめ。

トキ・サポ 時っ感タイマー 10cm

価格／3,080円（税込み）
サイズ／W103㎜×H101㎜×D46㎜
カラー／ミントブルー、ピンク、アイボリー
設定可能時間／最大：60分
音量／最小：約55dB⇔最大：約65dB（2段階調節）
発売元／ソニック
https://www.sonic-s.co.jp ☎06-4309-1515

ラーニングタイマーS

価格／オープン価格
サイズ／W88㎜×H45㎜×D60㎜
カラー／ピンク、ブルー、パープル、グリーン
品番／T-603
設定可能時間／最大：199分50秒
発売元／ドリテック
https://dretec.co.jp

＼学習サポート／
グッズ
04

筆圧の調整や文字を書くことが苦手

整った文字が書ける「魔法のザラザラ下じき」

こんな
困りごとに

・鉛筆が滑って文字が流れ、雑になってしまう
・筆圧が弱い or 強すぎて整った字が書けない

注目
ポイント

・ザラザラ効果で書く実感 UP！
・鉛筆の動きを意識しやすく整った文字へ

滑りにくくて書きやすい！感覚刺激がしっかり入る下じき

特殊印刷技術で表面に細かいドットが施され、**鉛筆の動きがしっかり感じられることで、整った文字が書けるようになる**魔法の下じき。教育・療育現場の声を受けて研究を重ね、作業療法士の鴨下賢一先生監修で作られたアイテムです。書いている文字を止めたいところで止め、曲げたいところで曲げることができるように、ザラザラ加工のドットの大きさや配列にも工夫がされています。掲載商品以外に0.3㎜ドット（小学生以上向け）のものもあります。また、ブルー、バイオレットなどのカラータイプには方眼印刷や定規メモリが入っているので、お好みのものを選べますよ♪

▼筆圧が強すぎる子にもピッタリ！

我が家の長男は筆圧が強すぎてすぐに疲れてしまい、字が雑になりがちでしたが、これを使ってからは**うまく力が分散して無理なく整った文字を書けるように**なりました。筆圧が弱い子だけでなく、固有感覚鈍麻ですぐに鉛筆の芯を折ってしまう子にもおすすめです！

魔法のザラザラ下じき　0.6㎜ドット（幼児〜低学年向け）
学校ノート・学習帳用（B5）／プリント・ドリル用（A4）

価格／各 715円（税込み）
サイズ／ B5サイズ（182㎜×260㎜）、A4 サイズ（210㎜×300㎜）
材質／再生 PET 樹脂
仕様／表：ザラザラ　裏：ツルツル
発売元／オフィスサニー（できるびより）
https://www.office-sunny.shop　☎03-3802-1900

学習サポートグッズ

05

まほらゆったりつかう学習帳&計算用フセン"Toketa!"

白いノートがまぶしい、筆算の時に位がズレる

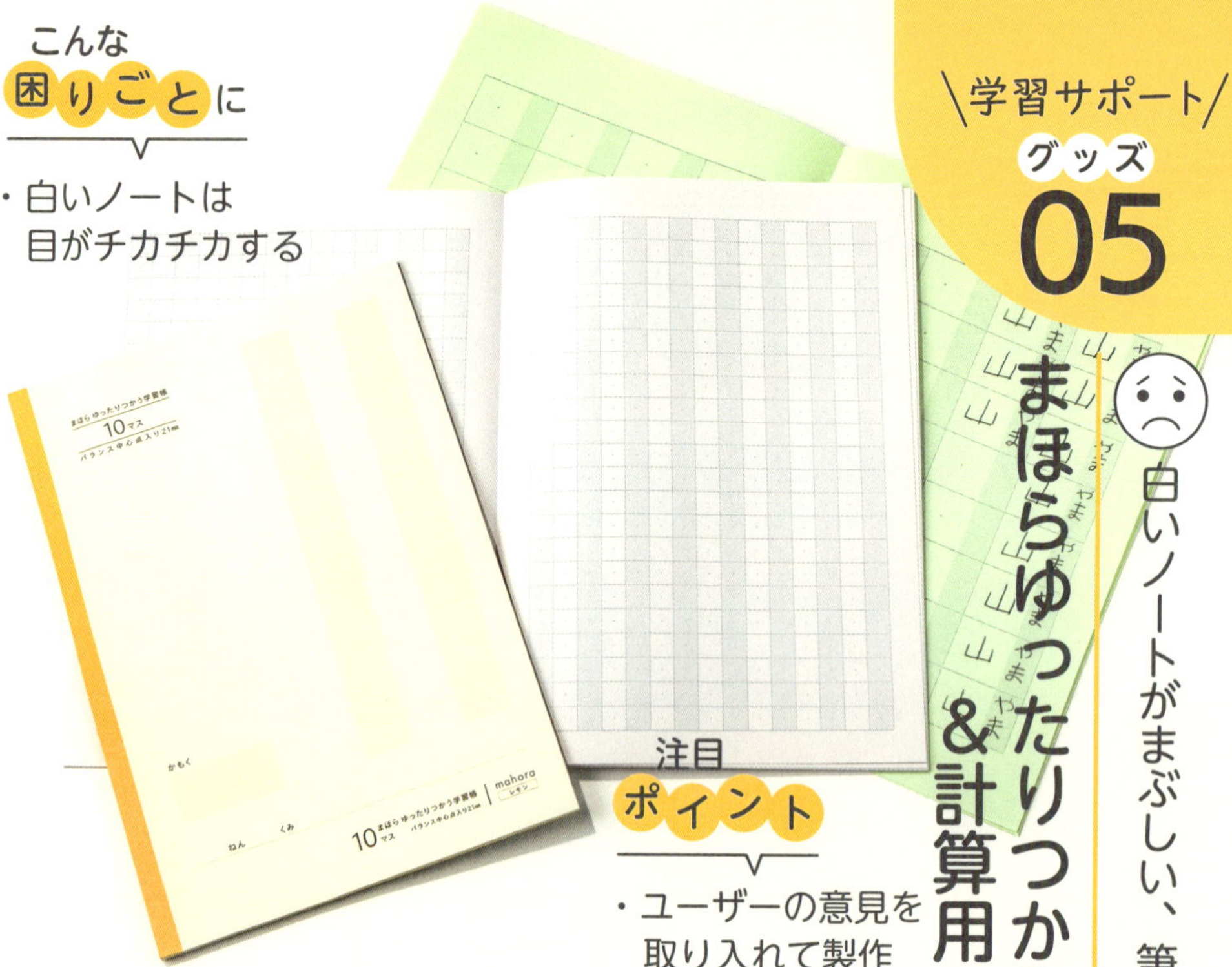

こんな困りごとに

・白いノートは目がチカチカする

注目ポイント

・ユーザーの意見を取り入れて製作

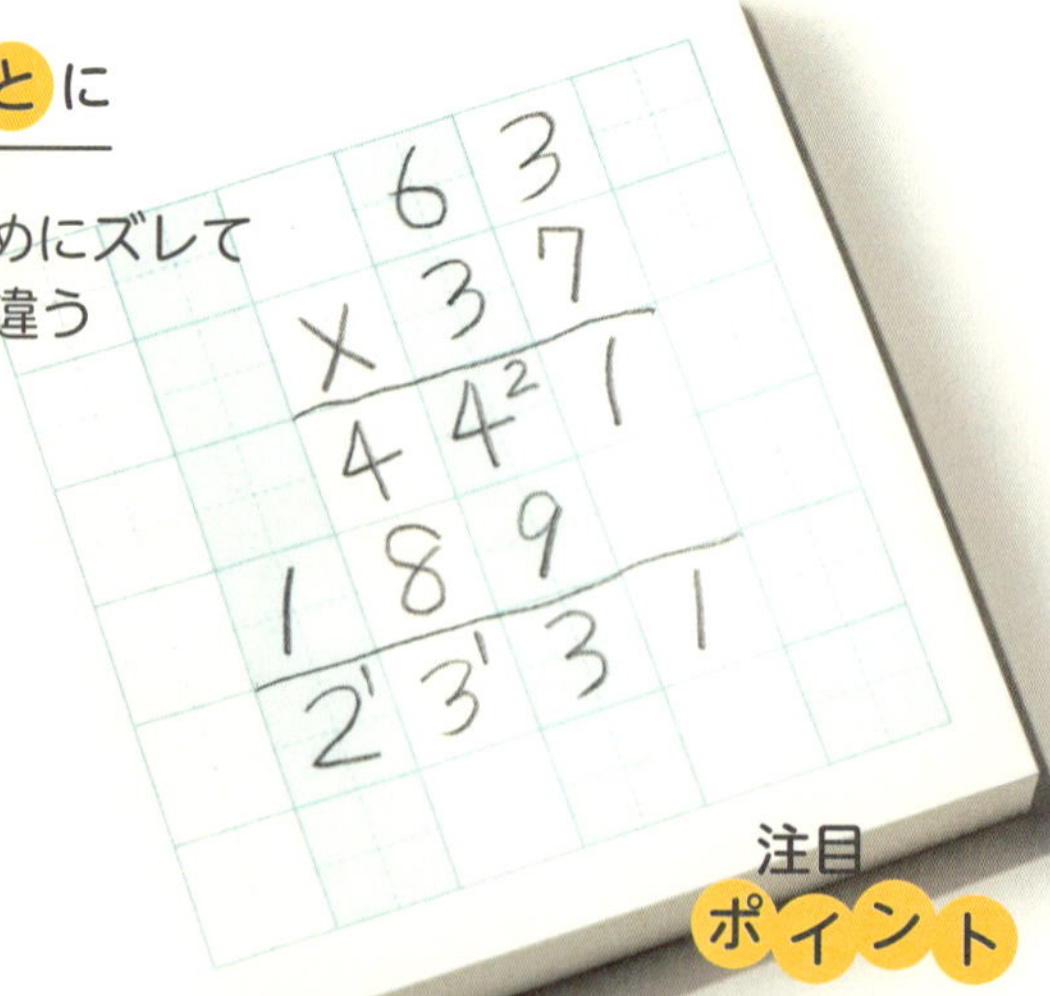

こんな困りごとに

・筆算が斜めにズレて計算を間違う

注目ポイント

・隣の行と色が違って位取りを間違えにくい

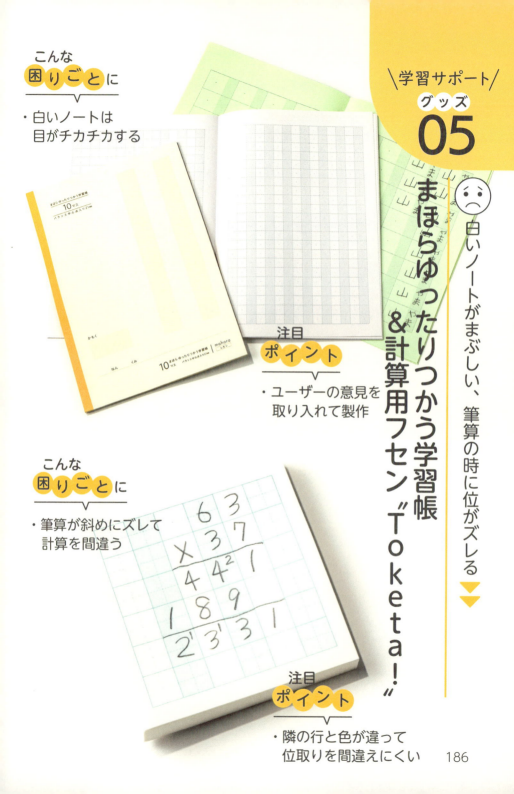

板書や計算の「困った！」を解決！
みんなに優しいお助けアイテム

▼光の反射を抑えた「まほらゆったりつかう学習帳」

板書の時、白いノートがまぶしくて見にくいというお悩みにおすすめなのが、**光の反射を抑えた目に優しい中紙を使用した**「まほらゆったりつかう学習帳」。方眼の十字に入る点線が気になりうまく文字が書けないお悩みに対応して、**方眼の中心を示す『バランス中心点』を採用**。中心点を基準にして、左右上下の余白を意識して書くことで、罫線に意識を取られることなくのびのびゆったりと文字を書くことができます。紙質がなめらかで消す時にくしゃくしゃになりにくいのもポイント♪

▼筆算の位がズレない「計算用フセン〝Toketa!〟」

プリントに筆算を書くと、計算するうちに位がズレる……。我が家の長男もよくありました。**隣の行と色が違い位取りを間違いにくい工夫**がされています。小学校で習う基本的な四則計算に対応可能。**小数点のある計算で桁が増えても切り取り線部分でつなげて使えます♪**

まほらゆったりつかう学習帳
かんじゆったり32字／10㎜方眼／
15マス・10マス バランス中心点入り

価格／各 374 円（税込み）
サイズ／セミ B5（W179㎜× D252㎜）
材質／中紙：国産色上質紙（30 枚）
カラー／レモン、ラベンダー、ミント
販売元／ OGUNO（オグノ）
https://www.oguno.jp/ ☎06-6720-8487

計算用フセン"Toketa!"

価格／ 1,390 円（税込み）
サイズ／ W70㎜× D75 ㎜
枚数／ 100 枚／冊（3 冊セット）
仕様／ 10㎜マス（リーダー付き）
6 × 6 マス（計 36 マス）、ミシン目付き
販売元／＋ teacher
https://shop.plus-teacher.com

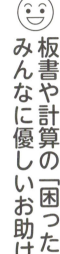

学習サポートグッズ

06

不器用ではさみが使いこなせるか心配

安全・簡単に切れる新しいはさみ「Casta」

こんな困りごとに

・不器用ではさみをうまく扱えない
・握力が弱くてはさみの開閉が大変

注目ポイント

・誰でも使いやすいユニバーサルデザイン
・カバーをつけたまま使えて安心

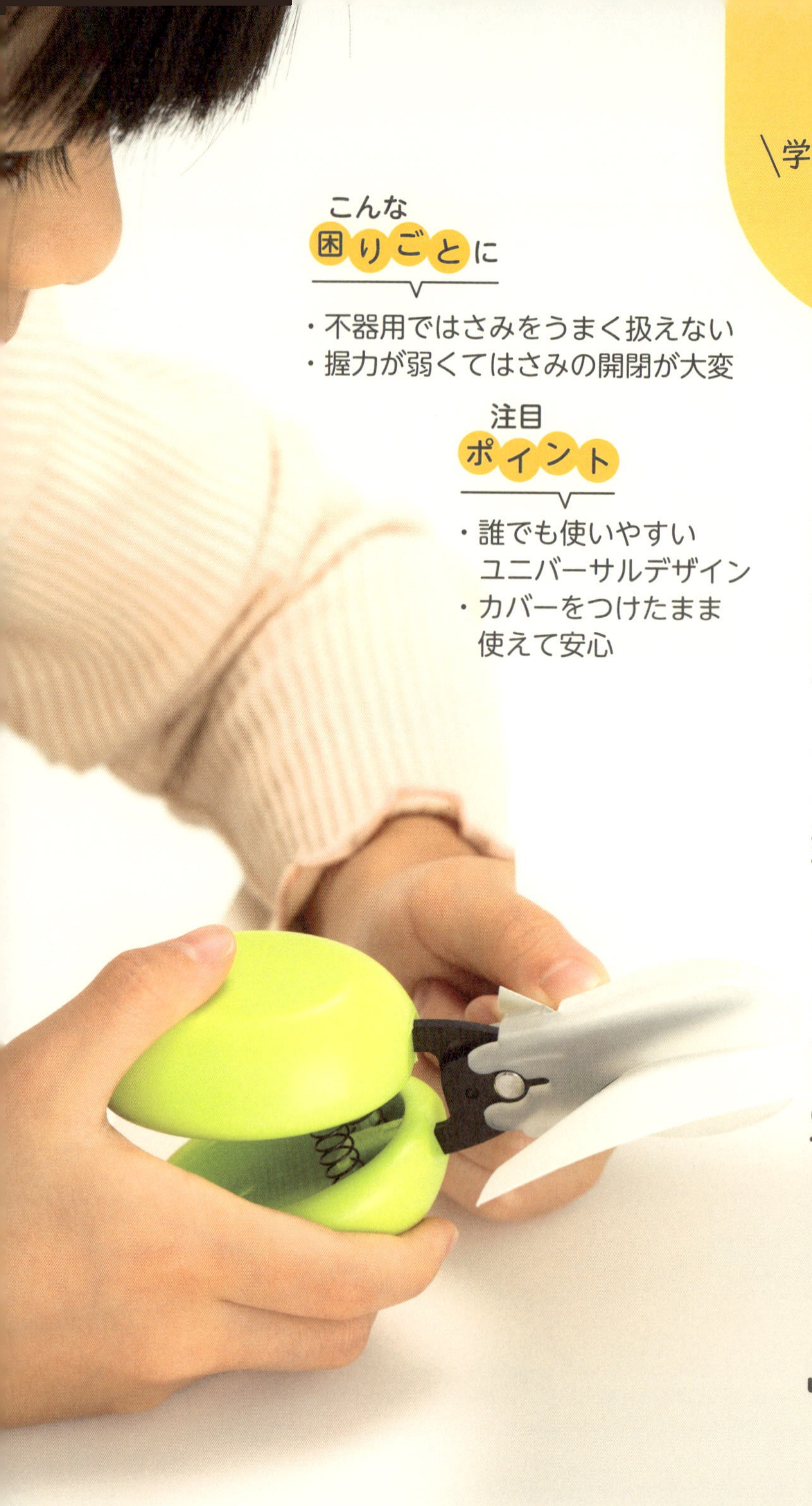

使いやすい工夫がいっぱい！ユニバーサルデザインのはさみ

カバーをつけたままでも切れる安全設計のはさみ。カバーの左右のスリットによりそのまま切り進むこともできます。２本のスプリングで、自然にはさみが開き、**握力が弱くても不器用さんでも使いやすい**。机に置いたまま上から押して切ることもできて、切るたびに音がするので切れたこともよくわかります。使う人の安全はもちろん、周りの人も安心して見守ることができる構造になっています。刃はフッ素コーティングされていて、**粘着物を切ってもベタベタになりにくい**のも嬉しい。

▼一人でできた！が叶うアイテム

このはさみの良いところは、今まではさみを使うことが苦手だと思っていた子にも「できた！」が経験できるところ。実際に私も使ってみましたが、机に置いたまま片手で押すだけでも切れて感激でした！　難しいとあきらめずに、挑戦できる環境を作ってあげることも大人の役割。小さな「できた！」の積み重ねが、その子の自信につながります。

Casta カスタ

価格／1,800円（税込み）
サイズ／W110㎜×D45㎜×H60㎜ 刃渡り 35㎜
重量／54g
カラー／ホワイト、グリーン、ブルー、ピンク
材質／ハンドル、キャップ：ABS樹脂　ブレード：ステンレス刃物鋼
販売元／長谷川刃物
http://www.hasegawacutlery.com　☎0575-22-1511

学習サポート
グッズ
07

手先が不器用でコンパスが上手く回せない

握ってくるん!「スーパーコンパス くるんパス」

こんな困りごとに

- 不器用なためケガをしそうで不安
- コンパスを上手く回して円を描けない

注目ポイント

- 握って回すだけで円が描ける
- 通常の使い方へステップアップできる

回転に合わせて自然と傾くので円を一周描くのがラクに！

算数の授業で勉強の内容と同じぐらいつまずきが出やすいのが、３年生で出てくるコンパスの扱い方。**不器用さがある子にとっては、針を刺しながら回して円を描くのはなかなか難しいもの。**そんなお悩みにぴったりなのが、キャップ部分を手のひらで握ってくるんと回すだけで描ける「スーパーコンパス くるんパス」です。回転に合わせて自然と傾く「くるんキャップ」搭載で、指先で力を分散させながら回すのが難しい子も円が描きやすくなるのでおすすめです！

▼スモールステップで描けるようにアシスト

「くるんパス」は、**①くるんキャップ付きで握って描く↓②くるんキャップ付きでつまんで書く↓③くるんキャップを外して従来の描き方で描く**、と徐々にステップアップしていくことが可能です。我が家では、長男が苦戦していた頃はこの商品の存在を知らなかったので、もっと早く知っていれば！と思い、この章で取り上げました。

スーパーコンパス くるんパス　鉛筆用

価格／660円（税込み）
サイズ／全長142㎜
パッケージ H190㎜×W90㎜×D25㎜
カラー／青、桃
材質／ダイキャスト（カラー塗装）
販売元／ソニック
https://www.sonic-s.co.jp　☎06-4309-1515

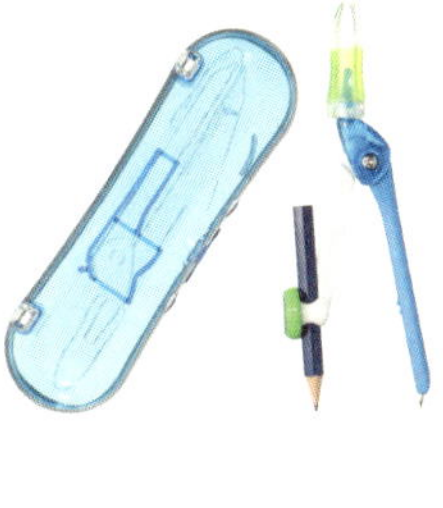

\学習サポート/
グッズ
08

透明立体図形&折りたたみ展開図

立体の展開図の理解は平面だけでは難しい

こんな
困りごとに

・空間認識力が弱く、図形や立体が苦手
・紙面上だけでは抽象的で理解しづらい

注目
ポイント

・立体を実際に触って学べる
・展開図を広げて畳んで構造を理解

触って学ぶと理解度アップ！ 視覚だけでなく触覚を使おう

小学校の算数でつまずきやすい図形や立体の単元。高学年になると向かい合う面や辺、展開図で組み立てた時に接する部分を考える、見取り図を書くなど、内容は高度化していきます。苦手な子にとっては特に、頭の中でイメージし、紙面上に解答していくのは難しいこと。ラーニングリソーシズの透明立体図形は、立方体、直方体、円柱、三角柱、六角柱、円錐、三角錐、四角錐の8つの立体の仕組みを学べる教材です。

▼小学生も具体的な方がわかりやすい

この教材は、**実際に触って形を体感できるところがモンテッソーリ的**で、我が家も実際に取り入れています。わからない時には、**実際に横に立体を置いて確認しながら解答することで、確実に理解度が上がります**。中には折りたたみの展開図が入るようになっていて、どんな形になっているか一つひとつ開いて、図形の構造を学ぶことが可能。また、透明な立体には水や砂を入れることもできるので、体積も学べます！

ラーニングリソーシズ 算数教材 透明立体図形＆折りたたみ展開図

価格／ 8,140円（税込み）※変動あり
セット内容／透明立体図形8個、折りたたみ展開図8個、取扱説明書（外国語）
材質／プラスチック製
対象年齢／7歳以上
販売元／ドリームブロッサム
https://www.dreamblossom.jp/ ☎0985-72-6622

パパママ相談室

Q 話す機会が激減！ 学校の先生とのやりとりのコツは？

りっきー

A **小学校では未就学時代と違い、先生と顔を合わせる機会が少なくて不安になりますよね。**私は新学年開始前にサポートブックを渡して我が子の特性を伝え、対面時は多忙な中細やかに対応してくれる先生に、感謝を伝えるよう心がけています。**要望を一方的に伝えるのではなく、「こうしたらうまくいきました！」と家での成功事例を継続的に連絡帳で共有しておく**と、困りごとがあったときに対応を取り入れてもらえることも。

懇談時は先に学校での様子を聞く

懇談は時間も限られるため**「学校での様子はどうですか？」と先に尋ねて把握**しています。個々に合わせた支援が理想ですが、人員不足もあり、いつも叶うわけではないことも想定しておきましょう。

まとめ

新学年はサポートブックを提出し、対面時は感謝を伝え、情報共有は連絡帳を利用しよう。

第7章

保護者のお悩み編

保護者の
お悩み
01

障害を受け入れられない

「どうなるの」と不安になるのは自然なこと

▼受け入れる？　受け止める？

「うちの子、どこか他の子とは違う……」私は長男が1歳の頃に違和感を覚え始めました。当時、知られつつあった「発達障害」という言葉が頭をよぎりながらも、「違いますよ！」と否定してほしい自分もいました。日々揺れ動く中、**「でも、やっぱり何かある気がする」という母の勘**で、意を決して2歳半頃、地域の保健センターに相談。しかし、3ヵ月の相談待ちの末に受けた発達検査で、初めての場所と心理士さんにパニックを起こし、「おうち帰る！」と脱走した長男の検査結果は「測定不可能」。言葉は出ていたので**様子見になり、また半年後に持ち越しに**。ずっと悩んでいて今すぐなんとかしてほしかったのに、放り出されたような気持ちになったことを今でも覚えています。我が家の場合、園生活での脱走やパニック、みんなと同じことができないなど、困りごとが山のようにありましたが、診断がついたのは4歳2ヵ月。**悩み始めてから実に3年が経過**していました。その頃には「早くはっきりさせて、支援につなげてほしい」という気持ちが大きく、**診断名がついて「ほっとした」というのが正直な胸のうち**でした。障害の受容の仕方は人それ

障害受容のプロセス

ショック
強い精神的な混乱が起こっている状態。

否認
間違いではないかと防衛反応が起こり、障害を認めようとしない。

悲しみと怒り
悲しみと怒りが押し寄せ、抑うつ的な気分になる。

適応
あきらめの気持ちと共に、少しずつ現実を受け止めようとしていく。

再起
特性を受け止め、親としての責任を果たそうとする。

乳幼児期の早いうちから違和感を持つなど、少しずつ段階を踏んで診断へ至った場合、上図とは異なる場合もあります。近年では、自閉症や知的障害の受容については、最終的に受容していくというよりは、否定と肯定の気持ちが交互に訪れて、心の痛みを経験しては何度も克服を繰り返していく、という考え方もあります。

ぞれで、受け入れにかかる時間も違いますが、我が家の場合は、「やっとここまできた」と障害を「受け止める」段階にいつの間にか進んでいたように思います。お子さんの発達についての園や学校からの指摘や、医師の診断を受け入れられず、**ショックのあまり「うちの子に限って」と否定したくなるのは自然なこと**。将来こんなことを一緒にしたいなぁと希望に満ちあふれていたはずなのに、未来が変わってしまうように感じますよね……。私も診断から7年経っても不安だらけ。でも、診断がつくことは悪いことではないと知っているから、先を見据えて今できることをしようと気持ちを切り替えています。この章では「保護者の不安」に焦点を当て、お話していけたらと思います。

保護者のお悩み 02

保護者の元にいる間にしてあげられることは

困っているのは子ども? それとも保護者?

インスタの投稿

▼18歳になった時に一人暮らしができる?

我が家の長男に4歳2ヵ月でADHDの疑いと自閉スペクトラム症、軽度知的障害の診断がついた時、**真っ先に心に浮かんだのは18歳のタイミングでの自立や成人後のこと**。おうちモンテを始めていたこともあり、**「18歳になった時に、一人暮らしができるぐらい身の回りのことができるようになっていたらいいな」**と目標を立ててやってきました。もちろん、どの程度の自立を目指すかは、一人ひとりの発達や取り巻く環境によって違いますが、私自身が意識しているのは、**「現在地からの目標設定とあわせて、俯瞰《ふかん》して将来の目標から逆算してみる」**ということです。目先の課題ばかりを見てしまうと、できないことがありすぎて焦りが募ってしまいます。だけど俯瞰することで、「今できなくても大人になった時にはできるかも」とトゲトゲした気持ちを和らげることができました。そして、たくさんある悩みごとには、違っているように見えても案外共通項があって、問題の根底は同じだったのだと気づくことも。私は悩みごとに向き合う時には、次のようなことを意識しています。

【子どもの困りごとを観察し、取り組む時のポイント】

●視点を複数持つ

●細かいところから、全体へと視線を移してみる

そして、**悩みに囚われそうな時には、「子ども本人が困っているのか」それとも「周りの大人（保護者や先生）が困っているのか」という視点も大事。**周囲に危険が及ぶようなことは避けなければなりませんが、**子ども自身が困っていないのであれば、あまり踏み込まずに、特に思春期以降は見守ることも大事**なのかもしれません。困りごとに直面するとつい手出ししたくなりますが、本人が気づいて解決しようとするタイミングを待つのもいいと思います。

\ 保護者の /
お悩み
03

うちの子、もしかして迷惑かけてる？
ママ友とのお付き合い

発達が気になる子を育てていると、幼稚園や保育園で他のママさんたちとの関係に悩む方も多いかもしれません。私も長男が年中の頃までは送り迎えの時や参観での我が子の様子を見て「もしかしたら何か思われている？」「ママ友と話して他の子の成長を知るのが苦痛」など、辛い気持ちになることがあり、**自ら壁を作っていた**なと思います。年長の後半頃から長男の成長も見えるようになり、少しずつ自分自身の気持ちに余裕が出てきて、壁を作らず他の保護者と言葉を交わすことができるようになりました。

▼ママ友はあくまで子どもを通しての関係

まずお伝えしたいのは、**「ママ友」とはあくまで子どもを通しての関係**であるということ。だから、子どものために！と**無理をしてお付き合いをするぐらいなら、意識的に離れて距離を置いてもいい**と思います。小学校に入ると、学童の迎えを除き、送り迎えをすることも少なくなるので、正直なところ、**ママ友を作らなくても6年間やり過ごせる**はず（笑）。もちろん、きっかけは園や学校であっても、子どものことと関係なしに気が合う方と出会うこともあるので、そんな時は仲良くできたらいいな、ぐらいに思っていると気楽

記事はこちら

です（未就学時代は頑なだった私にも、今ではそういう友人が数人できました）。長男の発達で悩んだことを通して、私自身は**いい意味での鈍感力とブレない強さを手に入れられたように感じます**。ママ友に限らず友人関係において、**「陰口を言うような人とは付き合わない」「違和感を覚えたらスルーしない」「みんなと一緒にしなければと迎合せず、集団から外れる勇気を持つ」**ということを学び、とても楽になりました。白い目で見られることもゼロではない障害児育児。でも必ず、陰ながら見守ってくれたり、サポートしてくれたりする人がいます。そんな温かい人たちに感謝をしながら、私もいつか悩んでいる人たちをそっと後押しして、恩返しができたらいいなと思っています。

＼保護者の／
お悩み
04

発達っ子の「小1の壁」は年長から始まる
仕事と療育の両立

就学相談や入学準備については第1章でも書きましたが、**共働き家庭にとって避けては通れないのがいわゆる「小1の壁」問題**。発達が気になる子を育てていると、通常の入学準備に加え、考えなければならないことが遥かに多いのが現実です。年長になると、就学先の決定とあわせて、**放課後や長期休みの過ごし方についても調整**する必要があります。低学年を乗り越え、親子ともにペースをつかめると、道筋も見えてくるので、この数年を乗りきれるよう準備はしっかりとしておきたいところ。勤務先の時短勤務や休暇制度の確認、働き方の変更も含め、どんな選択肢があるのか早めに検討しましょう。**放課後等デイサービスの見学は年長になったらスタートし、秋〜冬にかけて利用申請をして年明けには決まっていると安心**ですね。

▼りっきー家の長期休みの過ごし方

我が家は3ヵ所の事業所と契約をし、送迎時間の調整や長期休みでの利用の仕方など、個別に相談を重ねました。複数契約したのは、居場所の確保に加え、事業所が万が一なくなった場合のリスク分散を考えてのことでした。また、放課後等デイサービスは長期休み

記事はこちら

や土曜日は利用時間が10～16時など勤務時間をカバーしきれないところが多く、朝と夕方をどうするかの問題が……。かといって一日中学童にいるのは特性からも難しいと判断し、結果的に8～10時は学童、日中は送迎してくれる放課後等デイサービスへ、また夕方に学校に送ってもらい16～18時を学童で過ごしました。預ける段取りや利用時間の相談を年長のうちにすることを考えると、**「発達っ子の小1の壁は年長から始まっている」**と言っても過言ではありません。入学後は、きょうだいがいて送迎先が違うとさらに大忙し。夫婦の役割分担のほか、親や親戚の協力、民間学童やファミサポの活用、習いごとでの居場所確保、家事の外注など、使える手段はフル活用し、1年生を乗り越える準備をしましょう！

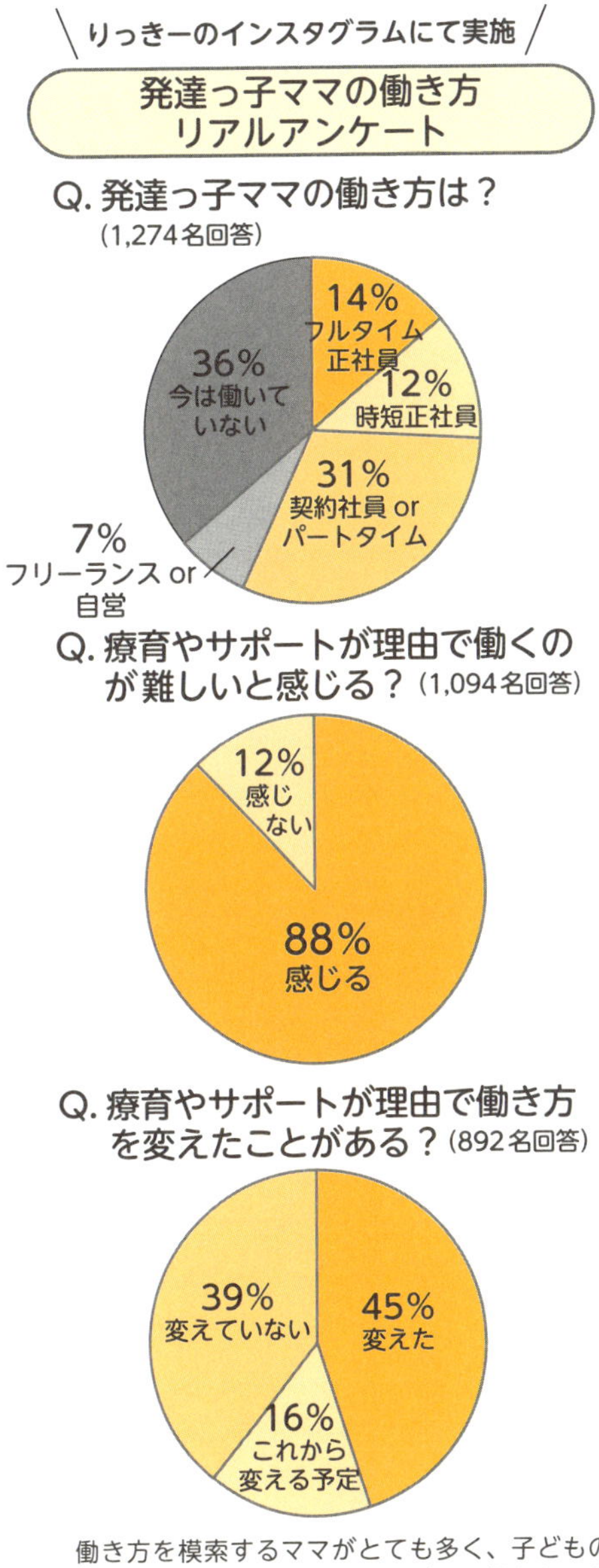
りっきーのインスタグラムにて実施
発達っ子ママの働き方 リアルアンケート
Q. 発達っ子ママの働き方は？ (1,274名回答)
14% フルタイム正社員
12% 時短正社員
31% 契約社員 or パートタイム
7% フリーランス or 自営
36% 今は働いていない
Q. 療育やサポートが理由で働くのが難しいと感じる？ (1,094名回答)
12% 感じない
88% 感じる
Q. 療育やサポートが理由で働き方を変えたことがある？ (892名回答)
45% 変えた
16% これから変える予定
39% 変えていない

働き方を模索するママがとても多く、子どものサポートのために仕事を辞めざるを得なかったという方が多いのが現状です。

おわりに

どんな子も6年間で成長する！

入学前、小学校生活は長く大変な道のりだと思っていました。心配ごとを数えればキリがなく、6年生になった長男の姿が全く想像できなかったです。入学直後は新しい環境に慣れず、支援学級の先生に抱っこされていた長男。運動会では疲れてうとうとと。授業中は45分間座っていられず、床に寝そべってしまうことも。そんな長男も6年生になり、図書委員会の副委員長に立候補！　頑張って貸し出し業務をしているようです。休日にはひとりで自転車に乗って駅前の図書館に行き、本を借りたり、借りたい本を検索して予約できるように。**幼児期から取り組んできた掃除や料理への興味が持続**し、朝ごはんにはオムレツとトーストを用意してくれるまでになりました。現在、授業では普通学級で過ごす時間が6割強。補助なしで過ごし、発表もできるようになりました。**「小学校6年間で我が子はどれぐらい成長するの？」と不安でいっぱいの保護者の方に、発達がゆっくりな子でもこんなに成長したよ！**　とお伝えしたいです。長男の大きな成長は、コツコツとやってきたおうちモンテと視覚支援、そして、触覚防衛反応が軽減し、平衡感覚・固有感覚が整い、感覚統合が進んだことがとても大きいと感じています。脳の仕組みの違いから、マジョリティの中での生きづらさはゼロにはなりませんが、長男なりに環境に適応し、楽しく日常を過ごせるようになったことを、親として何より嬉しく思っています。

りっきー的実践の心構え

親も子も困った時に助けを求められる場所がたくさんあると安心です。躊躇せず頼れるところには頼ること！　その上で、我が家では将来を見据えて、長い時間を過ごす**家での環境づくりと地道な取り組みを継続してきました。**小さな積み重ねが数年後、10年後、確実に本人の力になっていくはず。繰り返しがやがて習慣になり、ある時グッと成長する姿を何度も目の当たりにしてきました。私のモットーは**「いいかも！」と思ったら深く考えず、結果は後回しでまずやってみること。**完璧を目指さず、合わないと感じたら思い切ってやめる勇気も大事です。

6年間の成長にびっくり！

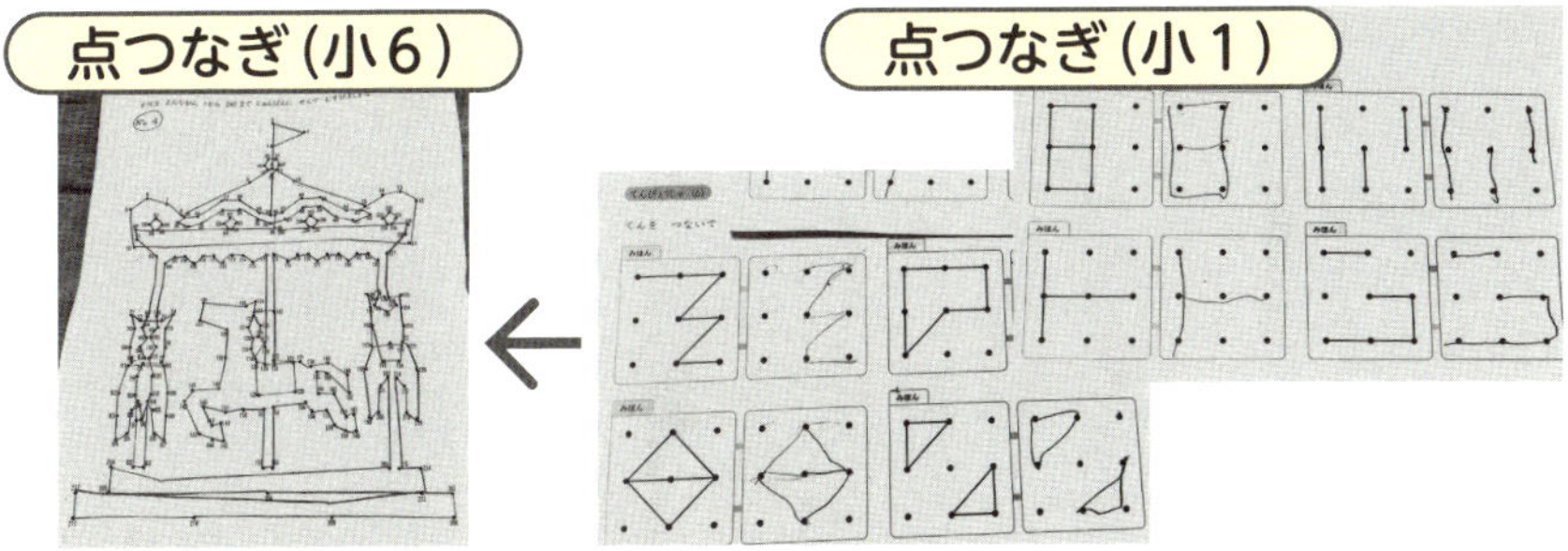

久しぶりに見て驚いた点つなぎの成長。ななめの線がスムーズに書けるようになりました。小6現在では、細かな図柄も定規を使って線を引いて仕上げられるように。

独り立ちの始まり

長男を見ていると、サポートが必要な面はあるものの、身の回りのことで大きな困りごとはなく、**子育てのフェーズが一歩次のステージへと進んだ感覚**があります。6年生になり、**自分で物事を決め、やってみようと試行錯誤する姿も見られるように**。5年生までは私が内容を決めていたおうち学習も「明日算数のテストだから勉強するぜ!」「今日はタブレットじゃなくて英語のワーク!」と自ら計画を立てて向き合うことも多くなりました。こうなったら母は一歩引いて見守るのみ。**これからの私にできるのは、社会の中で暮らし、働き、楽しむ姿を見せること**。そう感じるようになった私は、仕事のギアを一段上げ(ついでに推し活や趣味へ割く時間も増やし)忙しく動きまわっています(笑)。長男の発達に悩み、泣いたあの頃にはこんな日が来ることを想像もしていませんでした。これも、たくさんの方々に支えていただき、親子ともに一歩ずつ進めたから。そんな我が家の経験をまとめたこの本が少しでも皆様のお役に立てば、とても嬉しいです!

Special Thanks

作業療法士の木村順先生、宇佐川研代表の植竹安彦先生、日本モンテッソーリ教育綜合研究所の松尾博也先生、モンテッソーリ教室マードレ・カーサの先生方・子どもたちと保護者の皆様、ヒロインの会の皆様、講談社担当編集の成田玲菜様ならびにwith class mama関係者の皆様、イラストを描いてくださった畠山きょうこ様、そして家族へ。心からありがとうございます。

2024年7月吉日　りっきー

参考書籍

『保育者が知っておきたい 発達が気になる子の感覚統合』
著：木村順／協力：小黒早苗／Gakken
『6~12歳 発達が気になる子を理解して上手に育てる本 「小学校で困ること」を減らす親子遊び10』
監修：木村順／小学館
『発達の気になる子の学校・家庭で楽しくできる感覚統合あそび』監修：川上康則／ナツメ社
『自閉スペクトラム症のある子の「できる」をかなえる！構造化のための支援ツール』
集団編・個別編　著：佐々木敏幸、縄岡好晴／推薦：梅永雄二／明治図書
『0～18歳までの家庭でできるモンテッソーリ教育　子どもの可能性が広がる実践的子育てガイド』
監修：百枝義雄／著：ティム・セルダン、ローナ・マクグラス／訳：島村華子／創元社
『完全カラー図解 よくわかる発達心理学』
監修：渡辺弥生／ナツメ社
『発達障害・グレーゾーンの子どもが見ている世界』
監修：田中康雄／永岡書店
『リエゾン－こどものこころ診療所－凸凹のためのおとなのこころがまえ』
著：三木崇弘／原作・漫画：ヨンチャン／原作：竹村優作／講談社
『ワークつき 子どものつまずきからわかる　算数の教え方』
監修：平岩幹男／著：澳塩渚／イラスト：まうどん／合同出版
『国語・算数の初歩でつまずく子への教え方と教材 個別でもみんなの中でも教えられる！』
著・栗本奈緒子／Gakken
『発達障害＆グレーゾーンの小学生の育て方』
監修：井上雅彦／協力：LITALICO発達ナビ編集部／すばる舎
『ギフテッドの個性を知り、伸ばす方法』
編著：片桐正敏／著：小泉雅彦、日高茂暢、富永大悟、ギフテッド応援隊／構成：楢戸ひかる／小学館
『マンガ＆イラスト解説　ギフテッド応援ブック　生きづらさを「らしさ」に変える本』
監修：片桐正敏／著：楢戸ひかる／マンガ：黒川清作／小学館

データ参照先（すべて2024年８月15日参照）

※１　文部科学省「通常の学級に在籍する特別な教育的支援を必要とする
児童生徒に関する調査結果について」. 2022.
https://www.mext.go.jp/content/20230524-mext-tokubetu01-000026255_01.pdf
※２　文部科学省「特別支援教育資料 令和4年度 第3部資料編」. 2024.
https://www.mext.go.jp/content/20240117-mxt_tokubetu01-000033566_4.pdf
※３　NTTドコモ　モバイル社会研究所「スマホ所有率小学5年生で半数、
中学2年生で8割を超える」. 2023.
https://www.moba-ken.jp/project/children/kodomo20230216.html
※４　野村総合研究所「デジタル社会における発達障害人材の更なる活躍機会とその経済的インパクト
－ニューロダイバーシティマネジメントの広がりと企業価値の向上－」. 2021.
https://www.nri.com/jp/knowledge/report/lst/2021/cc/mediaforum/forum308

ご紹介商品のお問い合わせ先

教育技術研究所	https://www.tiotoss.jp	☎0120-00-6564
クツワ	https://www.kutsuwa.co.jp	☎06-6745-5611
K-and-A	https://k-and-a.jp	☎093-863-2098
世界文化社	https://www.sekaibunka.com	☎03-3262-5474
ソニック	https://www.sonic-s.co.jp	☎06-4309-1515
タカタレムノス	https://www.lemnos.jp	☎03-5981-8120
できるびより	https://dekirubiyori.com	☎03-3802-1900
ドリームブロッサム	https://www.dreamblossom.jp	☎0985-72-6622
長谷川刃物	https://www.hasegawacutlery.com	☎0575-22-1511
モリサワ	https://www.morisawa.co.jp	☎06-6649-2151

ブックデザイン／髙木孝子、古郡和子（株式会社DNPメディア・アート）
イラスト／畠山きょうこ
写真／市谷明美（講談社写真映像部）

※本書に掲載された情報はすべて2024年8月現在のものです。
※ウェブサイト、Instagramのコンテンツは、予告なく変更・削除されることがあります。

感《かん》覚《かく》統《とう》合《ごう》×モンテッソーリの視《し》点《てん》で伸《の》びる！
発《はっ》達《たつ》が気《き》になる小《しょう》学《がく》生《せい》の学《がっ》校《こう》生《せい》活《かつ》&おうち学《がく》習《しゅう》ガイド

2024年10月11日　第1刷発行
2025年3月14日　第4刷発行
著　者　りっきー
発行者　清田則子
発行所　株式会社 講談社
〒112-8001　東京都文京区音羽 2-12-21
電　話　編集　03-5395-3408
販売　03-5395-5817
業務　03-5395-3615

印刷所　大日本印刷株式会社
製本所　大口製本印刷株式会社

207p　21㎝

ISBN978-4-06-535991-4